Justiça do Trabalho
70 anos de direitos

Justiça do Trabalho
70 anos de direitos

Beatriz Bulla
Fabiana Barreto Nunes
Mariana Ghirello
William Maia

Copyright © 2011 Beatriz Bulla/Fabiana Barreto Nunes/Mariana Ghirello/William Maia

Grafia atualizada segundo o Acordo Ortográfico da Língua Portuguesa de 1990, que entrou em vigor no Brasil em 2009.

Publishers: Joana Monteleone/ Haroldo Ceravolo Sereza/ Roberto Cosso
Edição: Joana Monteleone
Editor assistente: Vitor Rodrigo Donofrio Arruda
Assistente editorial: Patrícia Jatobá U. de Oliveira
Projeto gráfico, capa e diagramação: Patrícia Jatobá U. de Oliveira
Revisão: João Paulo Putini

CIP-BRASIL. CATALOGAÇÃO-NA-FONTE
SINDICATO NACIONAL DOS EDITORES DE LIVROS, RJ

J97

JUSTIÇA DO TRABALHO: 70 ANOS DE DIREITOS
Beatriz Bulla ... [et al.].
São Paulo: Alameda, 2011.
262p.

Inclui bibliografia
ISBN 978-85-7939-114-9

1. Justiça do trabalho – Brasil – História. I. Bulla, Beatriz.

11-6741.
CDU: 349.2

030441

ALAMEDA CASA EDITORIAL
Rua Conselheiro Ramalho, 694 – Bela Vista
CEP 01325-000 – São Paulo – SP
Tel. (11) 3012-2400
www.alamedaeditorial.com.br

Sumário

Lista de siglas   7

Apresentação   11

Parte I. Anos 1940-2000   25
Mariana Ghirello (reportagens de Daniella Dolme)

Anos 1940   27

Anos 1950   35

Anos 1960   41

Anos 1970   49

Anos 1980   57

Anos 1990   65

Anos 2000   75

Parte II. O cotidiano da Justiça do Trabalho   83
William Maia (reportagens de Thassio Borges)

A demanda da Justiça do Trabalho   85

Julgamento dos processos   95

A execução dos processos   105

O cotidiano da advocacia trabalhista   121

O grande escritório   123

Parte III. Entrevistas   129
Beatriz Bulla

Almir Piazzionotto   131

Luiz Philippe Vieira de Mello Filho   149

Arnaldo Süssekind   165

Vania Paranhos   183

Rodrigues Jr.   199

Caderno de imagens   213
Fabiana Barreto Nunes

Lista de Siglas

AGU (Advocacia-Geral da União)
Arena (Aliança Renovadora Nacional)
Bacen (Banco Central)
BNDES (Banco Nacional de Desenvolvimento
Econômico e Nacional)
CBD (Centro Brasil Democrático)
CCJ (Comissão de Constituição e Justiça e de Cidadania)
CEF (Caixa Econômica Federal)
CLT (Consolidação das Leis do Trabalho)
CNDT (Certidão Negativa de Débitos Trabalhistas)
CNI (Confederação Nacional da Indústria)
CNJ (Conselho Nacional de Justiça)
CNMP (Conselho Nacional do Ministério Público)
CNT (Conselho Nacional do Trabalho)
Comicro (Confederação Nacional das Microempresas e Empresas de
Pequeno Porte)
CPC (Código de Processo Civil)
CPI (Comissão de Inquérito Parlamentar)
CSJT (Conselho Superior da Justiça do Trabalho)
CSN (Companhia Siderúrgica Nacional)
CSP-CONLUTAS (Central Sindical e Popular)

CUT (Central Única dos Trabalhadores)

DIP (Departamento de Imprensa e Propaganda)

Doi-Codi (Destacamento de Operações de Informações – Centro de Operações de Defesa Interna)

Dops (Departamento de Ordem Política e Social)

DPU (Defensoria Pública da União)

EC (Emenda Constitucional)

FGET (Fundo de Garantia das Execuções Trabalhistas)

FGTS (Fundo de Garantia do Tempo de Serviço)

FGV (Fundação Getúlio Vargas)

Fiesp (Federação das Indústrias do Estado de São Paulo)

FITIM (Federação Internacional dos Trabalhadores Metarlúgicos)

FMESP (Federação dos Metalúrgicos do Estado de São Paulo)

FMI (Fundo Monetário Internacional)

Funrural (Fundo de Assistência Rural do Trabalhador)

FUP (Federação Única dos Petroleiros)

IAPS (Institutos de Aposentadorias e Pensões)

IBGE (Instituto Brasileiro de Geografia e Estatística)

INPS (Instituto Nacional de Previdência Social)

Ipase (Instituto de Previdência e Assistência de Servidores do Estado)

JCJ (Junta de Conciliação e Julgamento)

LOPS (Lei Orgânica da Previdência Social)

MDB (Movimento Democrático Brasileiro)

MP (Ministério Público)

MPT (Ministério Público do Trabalho)

MTE (Ministério do Trabalho e Emprego)

OAB (Ordem dos Advogados do Brasil)

OIT (Organização Internacional do Trabalho)

PAT (Programa de Alimentação do Trabalhador)

PCB (Partido Comunista Brasileiro)

PEC (Proposta de Emenda à Constituição)

PIB (Produto Interno Bruto)

Pnad (Pesquisa Nacional por Amostra de Domicílios)

PSB (Partido Socialista Brasileiro)

PSTU (Partido Socialista dos Trabalhadores Unificados)

PT (Partido dos Trabalhadores)

PUC (Pontifícia Universidade Católica)

SAPPP (Sociedade Agrícola e Pecuária de Plantadores de Pernambuco)

SDCI (Seção Especializada em Dissídios Coletivos e Individuais)

Sinait (Sindicato Nacional dos Auditores Fiscais do Trabalho)

STF (Supremo Tribunal Federal)

STJ (Superior Tribunal de Justiça)

TCU (Tribunal de Contas da União)

TRT (Tribunal Regional do Trabalho)

TST (Tribunal Superior do Trabalho)

UDN (União Democrática Nacional)

Apresentação

O PRESENTE TRABALHO TEM COMO OBJETIVO rememorar fatos e acontecimentos históricos que conferem à Justiça do Trabalho o título de "Justiça Social do Brasil".

Cientes desse objetivo, tomamos a liberdade de elaborar uma apresentação que proporcionasse ao leitor informações básicas a respeito da origem, consolidação e alterações sofridas pela Justiça do Trabalho durante os seus 70 anos de existência institucional.

Foi assim que tudo começou:

Em 1º de maio de 1941, por meio do Decreto nº 6596 e em cumprimento ao Decreto 1237/39, foi oficialmente instalada no Brasil a Justiça do Trabalho, sendo o órgão competente, por excelência, para julgar e dirimir questões e lides trabalhistas.

Suas estruturas, organização e objetivos, tal qual concebidos em 1939 e implantados em 1941, guardavam muitas semelhanças com as Juntas Mistas de Conciliação e Juntas de Conciliação e Julgamento, existentes desde 1932, e que estavam vinculadas ao Poder Executivo e subordinadas ao Ministério do Trabalho e Emprego.

Às Juntas Mistas incumbia a tentativa de conciliação nas demandas coletivas, ao passo que as Juntas de Conciliação e Julgamento eram incumbidas tentativas de conciliação nos litígios individuais trabalhistas. No caso de não haver conciliação, tais órgãos proferiam decisão sobre a questão, devendo a mesma, antes de ser executada na Justiça Comum, passar pelo crivo do Ministério do Trabalho e Emprego, que poderia até suspender o seu efeito.

Justiça do Trabalho

A formação destes órgãos era paritária e tripartite, sendo compostos por vogais, indicados pelos Sindicatos dos Empregados e Empregadores, e pelo presidente da Junta, este indicado pelo Ministério do Trabalho e Emprego, e não havia necessidade de ser formado no curso de Direito.

Antes destes, outros órgãos, de estruturas mais simples e de atuação mais limitada, foram idealizados e criados, sempre com o objetivo de dirimir os conflitos trabalhistas que começavam a surgir nos postos de trabalho recém-criados com a proibição do trabalho escravo início da industrialização e forte movimento agrícola experimentado pelo Brasil a partir do fim do século XIX.

Citam-se, como exemplos, os Tribunais Rurais do Estado de São Paulo, que embora não tenham tido funcionamento oficial, são considerados como o primeiro mecanismo institucional criado com o objetivo de dirimir conflitos trabalhistas. Também o Conselho Nacional do Trabalho, tido como o embrião do Ministério do Trabalho e Emprego e que também tinha como competência intermediar nas soluções de conflitos trabalhistas, servindo, ainda, como órgão consultor do Poder Público a respeito das questões trabalhistas, entre outras.

Nítido, portanto, que a criação e institucionalização da Justiça do Trabalho não ocorreu por meio de um ato único e isolado, ao contrário, foi o resultado natural de um processo evolutivo vivenciado pela sociedade brasileira, que teve como fatores preponderantes a proibição do trabalho escravo, a normatização das novas relações de trabalho criadas com o desenvolvimento industrial e agrícola, a evolução das regulamentações trabalhistas e o movimento de ideal democrático que envolveu o Brasil após o fim da República Velha.

Apresentação

Logo, a estrutura da Justiça do Trabalho implantada em 1941 manteve aquela adotada nas antigas Juntas de Conciliação e Julgamento, ou seja, conservou a composição paritária, integrada por representantes dos Empregados e Empregadores (os vogais), e do Estado (o juiz presidente), nomeado pelo Presidente da República, porém, com a diferença da necessidade de este ser juiz de carreira ou, no mínimo, bacharel em direito com notório conhecimento, além de domiciliar na jurisdição da Junta de Conciliação.

Com relação à estrutura organizacional da Justiça do Trabalho, esta passou a ser composta não apenas pelas Juntas de Conciliação e Julgamento, correspondendo ao órgão de primeira instância, como também pelos Conselhos Regionais do Trabalho, correspondendo aos órgãos de segunda instância, e por fim, pelo Conselho Nacional do Trabalho, correspondendo à instância máxima trabalhista, sendo que nesta não havia a presença dos juízes classistas ou vogais.

No que dizia respeito à competência funcional, foi mantida aquela existente nas antigas Juntas de Conciliação e Julgamento, inclusive quanto às questões relativas a acidentes do trabalho, porém, com a diferença de que as decisões proferidas não mais necessitariam ser submetidas ao crivo do Ministério do Trabalho e Emprego para serem executadas na Justiça Comum.

Mas não é só. Por ter criado órgãos correspondentes às "instâncias" judiciais, o referido Decreto inovou e legislou, pela primeira vez, a respeito do trâmite processual a ser observado em uma demanda trabalhista, definindo, por conseguinte, as competências materiais de cada um dos órgãos criados, os direitos e obrigações processuais de cada uma das partes no processo, além dos cargos e atribuições funcionais de todos os integrantes da então instalada Justiça do Trabalho, que não obstante, ainda permanecia vinculada ao Poder Executivo.

Frente a esta nova realidade, verificou-se a necessidade da unificação de todas as leis trabalhistas existentes em um único diploma legal, de forma que, no dia 1º de maio de 1943, foi editada a CLT, dando início, assim, à efetiva regulamentação e estruturação do Direito do Trabalho no ordenamento jurídico pátrio.

Mas foi somente com a promulgação da Constituição de 1946 que a Justiça do Trabalho deixou de ser, enfim, um órgão do Poder Executivo, passando a integrar o Poder Judiciário da União.

Nesta nova ordem jurídica, a Justiça do Trabalho passou pela sua primeira mudança em sua estrutura organizacional, tendo sido criados os Tribunais Regionais do Trabalho, órgãos de segunda instância, em substituição aos Conselhos Regionais do Trabalho, e o Tribunal Superior do Trabalho, órgão de última instância trabalhista, em substituição ao Conselho Nacional do Trabalho, conforme expressamente previsto nos artigos 122 e 123, da Secção VI, Capítulo III.

Também sofreu significativa alteração quanto à Competência Material, passando a ter poderes para executar suas próprias sentenças e deixando de ter poderes para julgar lides sobre as matérias relacionadas a acidente do trabalho, que retornaram à Justiça Comum.

A respeito da legislação trabalhista recém-consolidada, o legislador trabalhista, sensível ao desequilíbrio existente na relação de emprego, marcada pela subordinação do empregado ao empregador, e com o intuito de minimizá-lo, criou inúmeros mecanismos que, baseados em Princípios próprios e inerentes ao Direito do Trabalho, possibilitando que a Justiça do Trabalho, tanto na aplicação da lei

Apresentação

processual quanto na aplicação da lei material, favorecesse o trabalhador, em detrimento do empregador.

Assim, com base na aplicação de Princípios Processuais como "Princípio da Proteção", "Princípio da Finalidade Social", "Princípio da Primazia da Realidade", "Princípio da Conciliação", entre outros, e também de "Princípios" de direito material, dentre os quais, "Princípio da Norma mais Benéfica", "Princípio da Intangibilidade Salarial", "Proibição da Inalterabilidade Contratual Lesiva", "Princípio da Indisponibilidade dos Direitos Trabalhistas", as decisões proferidas pela Justiça do Trabalho aproximaram-se, claramente, do verdadeiro ideal da "Justiça Social", fazendo com que direitos mínimos fossem assegurados e entregues aos trabalhadores.

Este ideal de "Justiça Social" também era, de certa forma, atribuído à Justiça do Trabalho através do Poder Normativo, por meio do qual eram decididas e definidas normas específicas a serem aplicadas nas relações de trabalho de determinadas categorias profissionais e econômicas.

Detentora, portanto, de prerrogativas e peculiaridades exclusivas, e lidando com legislação de cunho social e protetiva aos trabalhadores, as decisões proferidas pela Justiça do Trabalho sempre se mostraram uma ferramenta eficaz no auxílio ao desenvolvimento social experimentado pelo Brasil desde 1946.

A importância social da Justiça do Trabalho também é constatada no processo de redemocratização vivenciado pelo Brasil entre as décadas de 1970 e 1980, tendo em vista as inúmeras decisões proferidas a respeito da legalidade dos movimentos grevistas realizados pelos trabalhadores, através das entidades sindicais de classe, na busca de melhores condições de trabalho e salários.

Justiça do Trabalho

Com a restauração da democracia, em 1988 foi promulgada uma nova Constituição Federal, chamada de "Constituição Cidadã", visto ter privilegiado e enfatizado as garantias e direitos sociais, dentre os quais alguns direitos de natureza trabalhistas, antes previstos apenas na CLT e em legislações esparsas. Iniciava-se, a partir desse momento, uma série de mudanças que interferiram diretamente na história da Justiça do Trabalho.

A primeira grande mudança foi trazida com a própria Constituição. Nesse sentido, direitos relacionados às férias acrescidas de 1/3, décimo terceiro salário, limitação da jornada de trabalho diária e semanal, licença maternidade, adicional para o trabalho em jornada extraordinária etc., assim como o reconhecimento da representatividade da entidade sindical, da negociação coletiva etc. foram alçados ao âmago constitucional e consagrados como direitos e garantias sociais e fundamentais aos trabalhadores, os quais não podem ser flexibilizados ou excluídos do ordenamento legal.

Porém, mesmo com a promulgação da Constituição, alguns resquícios da legislação que instituiu a Justiça do Trabalho, em 1941, e que perderam razão de existir, ainda se mantiveram, sendo necessária a promulgação da uma Emenda Constitucional para sanar tal equívoco.

Assim, em dezembro de 1999, através da primeira Emenda Constitucional com reflexos trabalhistas, extinguiu-se a figura dos Juízes Classistas ou vogais, deixando a Justiça do Trabalho de possuir composição paritária e tripartite que até então lhe era peculiar.

Aproveitando-se dessa oportunidade, passou-se a cogitar nos corredores do Poder Legislativo, em Brasília, a possibilidade de a Justiça do Trabalho ser extinta, sob o pretexto de que tal órgão Judicial não trazia muitos custos para os cofres públicos, relegando a segundo

Apresentação

plano toda a importância histórica e social da Justiça do Trabalho e, mais uma discussão mais detalhada e profunda a respeito da questão, inclusive da legalidade ou constitucionalidade desta ideia. Quanta insensatez!

Como resposta, o Poder Judiciário trabalhista, entidades de classe e toda a sociedade civil organizada deram início a um movimento de valorização das atividades judiciais trabalhistas e da importância de sua existência institucional, social e, também, no aspecto financeiro.

Assim, no início da década de 2000, foi editada a lei 10.035/2000, que introduziu à CLT inúmeros dispositivos, sendo a maioria deles destinados à regulamentação de procedimentos para a cobrança e recolhimento de contribuições previdenciárias decorrentes das decisões proferidas nas reclamações trabalhistas, a fim de tornar mais efetiva a fiscalização e o recolhimento das contribuições destinadas à Autarquia Previdenciária, como se isso fosse sua obrigação.

Na sequência, em 2002, foi editada a lei nº 10.537, que redefiniu os parâmetros processuais a respeito da cobrança e responsabilidades pelos recolhimentos das custas e emolumentos exigíveis nas reclamações trabalhistas.

Mas a grande mudança vivenciada pela Justiça trabalhista no Brasil somente ocorreu, efetivamente, no ano de 2004, com a promulgação da Emenda Constitucional nº 45, que expandiu a Competência Material da Justiça do Trabalho, consolidando, de forma definitiva, todo esse movimento de valorização.

Desta forma, questões antes atribuídas à Justiça Comum dos Estados, como, por exemplo, indenizações materiais e morais decorrentes de acidentes do trabalho ou doença profissional, definição a respeito de enquadramento sindical de categorias profissionais e

Justiça do Trabalho

econômicas, legalidade das autuações fiscais aplicadas pelos auditores do Ministério do Trabalho, demandas relacionadas aos direitos de trabalhadores e não apenas de empregados, entre outras, passaram a ser analisadas, julgadas e executadas pela Justiça do Trabalho.

Com o aumento da Competência Material da Justiça do Trabalho, o movimento de sua valorização tomou um caminho mais introspectivo, por assim dizer, iniciando-se uma nova fase, a da organização e informatização de seus procedimentos e trabalhos, a fim de que fossem atingidos os princípios basilares de sua atuação, a celeridade e a efetividade das decisões.

Implantou-se, portanto, a informática na divulgação dos dados processuais ao público, na disponibilização de atas de audiências, despachos, sentenças e acórdãos em todas as instâncias do Poder Judiciário Trabalhista, além do desenvolvimento do protocolo de petição digital, assinatura digital, entre outros procedimentos que fizeram dos computadores os maiores aliados.

Também foram desenvolvidos mecanismos e aprimorados procedimentos previstos na legislação e doutrina, com o intuito de tornar o processo trabalhista mais célere.

Assim, em relação aos mecanismos, foram criados, por exemplo, o sistema Bacen Jud, parceria com o Banco Central e que possibilitava a realização de penhora e bloqueios judiciais em valores existentes nas contas bancárias dos devedores, o convênio com a Receita Federal, Cartórios, Detrans, entre outros órgãos públicos, para tornar o processo mais célere e efetivo.

Quanto aos procedimentos, a Justiça do Trabalho interpretou e aprimorou o instituto da "despersonalização da pessoa jurídica", por meio do qual possibilitou-se que a execução do processo trabalhista

Apresentação

atingisse também os bens particulares dos sócios das empresas devedoras, o da responsabilidade subsidiária das empresas tomadoras de serviços terceirizados, a fim de garantir que a insolvência dos prestadores de serviços não prejudicassem os credores, no caso, trabalhadores, entre outros institutos.

Mudanças na tabela de correção dos débitos trabalhistas utilizada pela Justiça do Trabalho e a estabilização econômica do País também tornaram o processo do trabalho, para o empregador, mais dispendioso e caro, desmotivando a manutenção por anos a fio de uma demanda judicial, visto que muitas vezes o valor devido somente a título de correção e juros ultrapassa o valor do débito principal.

Nítido, portanto, que todas as medidas adotadas na Justiça do Trabalho – aumento da competência material da Justiça trabalhista, execução das contribuições previdenciárias, utilização de tabela de correção monetária própria e específica, utilização de institutos que possibilitam a penhora de bens de sócios das empresas devedoras, celebração de convênios com órgãos públicos para a troca de informações, cobrança de custos e emolumentos eficaz, informatização dos atos processuais etc. – proporcionaram ao processo trabalhista maior celeridade, eficácia e efetivação no cumprimento de suas decisões e na entrega da tutela jurisdicional ao cidadão.

Os resultados experimentados com tais alterações têm sido muito positivos, visto que, além de tornar mais efetiva a tutela jurisdicional, com a diminuição do tempo de duração de uma demanda judicial e assegurando meios eficazes para o cumprimento das decisões proferidas, também ocasionaram a mudança de postura dos réus, que deixaram de ter a seu favor a morosidade e ineficácia do aparato jurisdicional, que lhes assegurava inúmeros benefícios.

Justiça do Trabalho

Se de um lado a morosidade e a ineficiência da Justiça do Trabalho, que favoreciam os maus devedores na utilização de subterfúgios e ações com o intuito de esquivarem-se do cumprimento da decisão proferida, já não mais campeiam como antes das alterações, de outro, o alto custo da manutenção de um processo judicial, atrelado à estabilidade econômica, desmotiva os devedores a utilizarem-se do processo trabalhista como uma fonte de investimento financeiro.

Esta nova realidade vivenciada no processo trabalhista está acarretando a adoção de um novo posicionamento dos empregadores, seja na esfera judicial, por meio do contingenciamento financeiro de cada uma das demandas envolvidas, a fim de visualizar diminuição do custo do processo por meio de acordos judiciais, seja na esfera extrajudicial, por meio do investimento em medidas preventivas contra o surgimento de passivo trabalhista.

Neste cenário a figura do advogado trabalhista foi extremamente valorizada, passando a desempenhar papel de fundamental importância, não apenas na gestão do contencioso judicial ou administrativo, por meio do contingenciamento econômico do processo, como também e, principalmente, no auxílio à definição da estratégia econômico-financeira da organização empresarial, através da consultoria preventiva trabalhista.

Desta forma, a consultoria empresarial trabalhista passou a ser encarada como uma ferramenta extremamente importante na advocacia trabalhista, visto que as orientações jurídicas prestadas, além de prevenir situações de riscos e auxiliar no sucesso do contencioso judicial e administrativo, também contribuem em decisões importantes para a saúde financeira da empresa e o sucesso do negócio.

Apresentação

Esta nova realidade do Poder Judiciário Trabalhista proporcionou uma mudança gradativa e constante nos conceitos e no comportamento empresarial, onde a figura do advogado trabalhista tem sua importância reconhecida, não apenas em razão de sua atuação na gestão contenciosa judicial e administrativa, como também por meio de sua atuação na gestão preventiva de surgimento de passivos trabalhistas, realizada por meio da consultoria e auditoria.

Portanto, a Justiça do Trabalho, por meio dos Princípios que norteiam e embasam a aplicação do Direito do Trabalho, sempre se mostrou, desde a sua instalação oficial, em 1941, até os dias atuais como instituição pública fundamental para que as garantias mínimas asseguradas aos trabalhadores, com base no respeito à dignidade da pessoa humana, fossem fielmente observadas, proporcionando o acesso à Justiça Social a todos aqueles jurisdicionados que dela necessitassem.

Este é o verdadeiro significado da existência da Justiça do Trabalho, e esta é a história que a presente obra pretende desvendar aos seus leitores, tendo como narradores personalidades que participaram ativamente da criação, consolidação e das alterações que marcaram os "70 anos da Justiça do Trabalho no Brasil".

Boa leitura.

Alessandro R. Veríssimo dos Santos

RODRIGUES JR. ADVOGADOS

Parte I

Anos 1940-2000

Mariana Ghirello
(com reportagem de Daniella Dolme)

Anos 1940

A REVOLUÇÃO INDUSTRIAL EUROPEIA TROUXE BENEFÍCIOS para o mundo, mas também apresentou novos desafios para a sociedade. As famílias deixaram suas residências nas zonas rurais e foram para as cidades trabalhar nas fábricas em busca de uma vida melhor. Mas o cenário era bem diferente do esperado, as jornadas de trabalho longas e exaustivas chegavam a matar trabalhadores de estafa e os acidentes de trabalho eram recorrentes. As crianças, por serem pequenas, eram usadas para os serviços perigosos de entrar no maquinário para pegar pequenas peças. Os salários eram baixos e as condições de trabalho as mais degradantes possíveis. E, enquanto os trabalhadores passavam agruras, os patrões enriqueciam. Diante dessa situação, os operários decidiram lutar por condições dignas e salários melhores.

A reclamação de apenas um trabalhador contra o patrão não tinha resultado, porque com o exôdo rural acaba a geração de emprego nas cidades. O medo de uma demissão assolava os operários, pois o reclamão poderia ser facilmente substituído. Tão pouco havia uma legislação que regulasse essa relação. Os trabalhadores perceberam que precisavam se unir para brigar por seus direitos. E os Estados, pressionados pela burguesia, começam a reprimir os movimentos dos operários. Em alguns períodos, chegaram a ser proibidos. Na época, grupos radicais invadiam as fábricas e quebravam os maquinários, e as greves eram a principal forma de pressionar os patrões.

As mobilizações começaram a dar resultado e o trabalho, aos poucos, foi sendo regulamentado. Primeiro dentro do próprio ambiente de trabalho com normas coletivas e, posteriormente, com as concessões do Estado a fim de manter a ordem. Os donos dos meios de produção tentaram criminalizar as movimentações dos trabalhadores. Mas, com o tempo, elas comoveram a sociedade, que deu crédito para as corporações de ofício, futuramente sindicatos.

Com a regulamentação sendo construída aos poucos, os conflitos continuaram, como existem até os dias de hoje. Porém, mesmo com normas que explicitam os direitos e obrigações dos dois lados, ainda faltava um ente que mediasse essas divergências e que colocasse em prática o que foi estebelecido pela lei. Esse foi e ainda é o papel da Justiça do Trabalho, o de pacificar a relação entre empregador e trabalhador.

No Brasil, os anos 1930 foram marcados pela industrialização do país, consequentemente, de seguidas greves e mobilizações dos trabalhadores. Esses fatores contribuíram para a criação de um sistema de leis e instituições para pacificar e manter sob o controle do Estado as tensões entre patrões e empregados. Na época, o presidente era Getúlio Vargas, que ficou marcado por ser o mentor do que conhecemos hoje por leis trabalhistas.

Em 1923 foi criado o CNT (Conselho Nacional do Trabalho) por meio do Decreto 16.027, de 30 de abril, assinado pelo Presidente Artur Bernardes. Mas foi Augusto Viveiros de Castro, primeiro presidente do órgão, que sugeriu a instalação de Juntas Industriais dentro das fábricas para solucionar os conflitos que surgiam entre os patrões e os empregados. Esse foi o primeiro passo para a criação de um órgão administrativo que pudesse dirimir problemas trabalhistas.

Anos 1940-2000

Uma das primeiras iniciativas do governo revolucionário foi a criação do Ministério do Trabalho, Indústria e Comércio. Passados 23 dias de governo, Getúlio Vargas instalou o Ministério com a finalidade de interferir nos conflitos entre patrões e empregados. Lindolfo Collor foi o primeiro ministro do Trabalho a assumir o órgão no dia 26 de novembro de 1930, montando uma equipe equilibrada e progressista.

Joaquim Pimenta e Evaristo de Morais Filho, que compunham a equipe, tinham experiência nos movimentos sindicais. E, para balancear, foi chamado o empresário têxtil Jorge Street, que ficou conhecido por implantar melhores condições de trabalho em suas fábricas. Como se vê, a ideia de Vargas era de fato mexer nas relações e tentar amenizar os conflitos e acompanhar as modificações que o país vinha sofrendo. Para se ter uma ideia, antes do Ministério do Trabalho, os conflitos trabalhistas eram levados ao Ministério da Agricultura. Porém, os conflitos já não eram mais rurais, e o Estado precisava acompanhar as modificações do país.

Uma das grandes conquistas dos trabalhadores nesse período foi a regularização da atividade sindical, a qual Lindolfo acreditava ser um instrumento de negociação, assim como os sindicatos patronais. A equipe foi responsável pela elaboração de muitas leis trabalhistas. Isso, porém, causou o descontentamento de parte dos sindicatos porque deixava a produção dos direitos trabalhistas nas mãos do governo. Entretanto, o período foi marcado pela instituição de benefícios e ampliação destes.

Dois anos depois da instalação do Ministério do Trabalho, Lindolfo deixou o cargo e Getúlio Vargas nomeou Joaquim Pedro Salgado Filho. A gestão dele foi responsável por implantar as Comissões de Conciliação entre empregadores e empregados e medidas para regulamentar a jornada de trabalho na indústria e no comércio, bem como o trabalho das mulheres e dos menores de idade. Em 1932, foram criadas as Comissões Mistas de Conciliação, que tratavam de divergências coletivas, e as JCJs (Juntas de Conciliação e Julgamento), que tratavam apenas dos dissídios individuais de empregados sindicalizados e podiam impor soluções às partes, mesmo enquanto órgãos administrativos.

Salgado Filho também foi responsável pela Carteira de Trabalho, instituída pelo Decreto 21.175 de março de 1932. Antes, o uso dela era facultativo, e com a criação da Consolidação das Leis do Trabalho ela se tornou obrigatória em todas as profissões. Esse é um dos poucos documentos que ficam com o trabalhador e serve para garantir ao empregado seus direitos, como a aposentadoria.

Ao mesmo tempo, a Carteira de Trabalho servia aos interesses dos patrões, que poderiam usá-la como forma de monitorar os trabalhadores. "A carteira, pelos lançamentos que recebe, configura a história de uma vida. Quem a examinar, logo verá se o portador é um temperamento aquietado ou versátil; se ama a profissão escolhida ou ainda não encontrou a própria vocação; se andou de fábrica em fábrica, como uma abelha, ou permaneceu no mesmo estabelecimento subindo a escada profissional. Pode ser um padrão de honra. Pode ser uma advertência", disse Alexandre Marcondes Filho, que mais tarde se tornaria ministro do Trabalho.

A Previdência Social, que foi criada pela Lei Elói Chaves em 1923, foi ampliada pelo Ministério do Trabalho. Até então, a lei englobava poucas categorias. Ano a ano, novos profissionais foram incluídos, como os marítimos, comerciários, bancários e industriários. E em fevereiro de 1938, foi instalado o Ipase (Instituto de Previdência

Anos 1940-2000

e Assistência de Servidores do Estado). Quinze anos depois, a Previdência passou a atender também as categorias de alimentação, habitação e saúde. A falta de uniformidade no atendimento dos trabalhadores de diferentes setores da economia causava sérios problemas, além da falta de planejamento financeiro. Só em 1966 o governo unificou os institutos de aposentadorias e pensões no INPS (Instituto Nacional de Previdência Social).

Depois de duas gestões marcadas pela ampliação dos direitos dos trabalhadores, em julho de 1934 Agamenon Magalhães assumiu o ministério. Ele ficou conhecido por aumentar o controle da pasta sobre as organizações sindicais. Uma das estratégias usadas por Magalhães era aumentar as intervenções e retirar os diretores dos sindicatos e substituí-los por pessoas de sua confiança. Por outro lado, sua gestão também buscou o cumprimento da legislação trabalhista. Duas grandes mudanças foram feitas por Agamenon: a reforma da lei do seguro do acidente de trabalho e indenizações por demissões sem justa causa. Magalhães era muito próximo de Vargas e o apoiou no golpe que culminou com o Estado Novo.

Depois do golpe, Agamenon Magalhães foi substituído por Valdemar Falcão, que também trouxe incrementos para os trabalhadores como a regulamentação do salário mínimo pelo Decreto Lei de 30 de abril de 1938. O país foi dividido em regiões e sub-regiões, e 14 salários mínimos diferentes foram estabelecidos. Ficou determinado que os montantes tinham um prazo de vigência de três anos. Entretanto, só em 1943 aconteceu o primeiro reajuste do valor do mínimo.

Inserida na Constituição Federal em 1934, a Justiça do Trabalho só foi instalada efetivamente em 1º de maio de 1941. Ela previa a criação definitiva do segmento no Judiciário brasileiro. Porém, não

Justiça do Trabalho

houve a instalação imediata do órgão e o Congresso Nacional discutiu exaustivamente o projeto de lei que o estruturava. A demora na resolução das questões levantadas foi, inclusive, uma das razões alegadas pelo então presidente Getúlio Vargas para o fechamento do Congresso e a implantação do Estado Novo, em 1937. Nesse ano, com a promulgação da nova Constituição a previsão de 1934 foi mantida e, dois anos depois, a Justiça do Trabalho foi instituída formalmente pelo Decreto-Lei 1.237/1939.

Esse processo culminou com a edição da CLT. No período que vai de junho a dezembro de 1941, Dulfe Pinheiro Machado comandou interinamente o Ministério do Trabalho. Mas, em seguida, o cargo foi repassado a Alexandre Marcondes Filho, que instituiu a cobrança sindical, sistematizou e consolidou as normas trabalhistas que haviam sido produzidas pelo governo.

A legislação trabalhista vigente na época apresentava leis desconexas e, por vezes, até contraditórias. Por isso, era preciso reagrupar e organizar as normas para que elas seguissem uma lógica. Por isso, em 1942, o presidente Getúlio Vargas nomeou uma Comissão encarregada de estudar e elaborar um anteprojeto de unificação das leis trabalhistas. A comissão analisou com atenção a relação entre patrões e empregados, estabeleceu regras para os dois lados, como férias, condições de segurança e higiene nos locais de trabalho. Além de reorganizar o conjunto de normas, a comissão criou novas leis. A partir da CLT todo o histórico deveria ser anotado na carteira de trabalho.

Três anos antes da Justiça do Trabalho se tornar oficialmente um órgão do Judiciário brasileiro, em 1943, foi lançado o conjunto de leis específicas de proteção ao trabalho, a chamada CLT. O documento foi elaborado por uma comissão comandada pelo então Ministro do Trabalho Alexandre Marcondes Filho e contou com a participação de juristas e técnicos do Ministério, como Arnaldo Süssekind e Segadas Vianna.

O trabalho da comissão demorou cerca de um ano e em 1943 ela foi apresentada para a sociedade, o que aumentou ainda mais o prestígio de Vargas com a população. A comissão teve que dividir o trabalho em dois grupos de estudo, um para as leis trabalhistas e outra para as previdenciárias. Süssekind rebate o argumento de que a CLT seria uma cópia da *Carta del Lavoro* do líder fascista italiano Mussolini. "A alegação é absolutamente falsa", completa. Antes de ser publicada, a CLT ficou disponível para sugestões, como em uma consulta pública. E como em todo processo legislativo houve polêmica e queda de braço. Nestes casos, Vargas remetia as reclamações para a comissão e o Ministro do Trabalho.

Marcondes, na mesma época, assumiu o Ministério da Justiça e foi designado por Getúlio Vargas para elaborar um projeto de abertura política.

Desde sua gênese, o papel que deveria ser desempenhado pela Justiça do Trabalho era claro: administrar as relações de trabalho e não acirrar os conflitos. Para o atual ministro do TST (Tribunal Superior do Trabalho) Ives Gandra Martins Filho, coautor do livro *História do Trabalho – do Direito do Trabalho e da Justiça do Trabalho*, o objetivo "não era dar tudo para o trabalhador ou preservar a empresa a qualquer custo, era encontrar a solução, tanto nas demandas coletivas quanto individuais, que reparta com Justiça os frutos da produção, entre o capital e o trabalho".

Justiça do Trabalho

Getúlio só faria a declaração oficial de instalação da Justiça do Trabalho em 1941, sete anos depois da previsão constitucional, durante ato público realizado no dia 1º de maio, no campo de futebol do Vasco da Gama, Rio de Janeiro.

Ainda na esfera administrativa, a Justiça do Trabalho só passou a integrar o Poder Judiciário em 1946, com a promulgação da nova Constituição. A partir de então, os juízes passaram a ter independência com relação ao Estado nas decisões e adquiriram prerrogativas da magistratura. Semanas antes da promulgação da Constituição, o Decreto-Lei 9.797 delineou a estrutura da Justiça do Trabalho, quando o CNT converteu-se em TST e os Conselhos Regionais do Trabalho se tornaram TRTs (Tribunais Regionais do Trabalho).

De acordo com o ministro do TST, Ives Gandra Marins Filho, "antes da CLT, o trabalhador tinha a disciplina jurídica o regimento previsto pelo Código Civil, de prestação de serviços, e toda a CLT é montada numa estrutura de direito que protege a parte mais fraca na relação contratual, que é o trabalhador".

Anos 1950

No INÍCIO DOS ANOS 1950 O PAÍS SOFREU profundas modificações com a industrialização pesada, com empresas como Petrobras, Companhia Siderúrgica Nacional, Companhia Vale do Rio Doce, BNDES (Banco Nacional de Desenvolvimento Econômico e Nacional). A instalação de grandes companhias nacionais era essencial para o desenvolvimento de outros setores da economia. É preciso lembrar que o país era basicamente rural, o que trazia grandes contratempos para a instalação de novas empresas, como falta de energia elétrica, primeiramente. Ainda neste primeiro ano surge a primeira emissora brasileira de televisão, a TV Tupi, do empresário Assis Chateaubriand.

Em 31 de janeiro de 1951, Getúlio Vargas assume seu segundo mandato como presidente eleito pelo voto direto. Além do início do período desenvolvimentista, o governo de Vargas ficou marcado pela série de atribulações, dentre as quais duas grandes greves, que ficaram na história do movimento sindical. Neste período, elas estavam proibidas, mas isso não impediu que grandes paralisações acontecessem. Os sindicatos tinham a adesão dos trabalhadores e a simpatia da população. A repressão aos movimentos dos trabalhadores era intensa e violenta. Em 1953, ocorreu a "greve dos 60 mil", com uma manifestação que se iniciou na Praça da Sé, contra o encarecimento do custo de vida. Na semana seguinte, outra paralisação ainda maior aconteceu.

Justiça do Trabalho

A "greve dos 300 mil", como ficou conhecida, iniciou-se no setor da indústria têxtil e aos poucos se espalhou para outros grupos de trabalhadores, como metalúrgicos, gráficos, marceneiros e vidraceiros. Na época, a paralisação generalizada em São Paulo tinha como reivindicações melhores salários e condições de trabalho.

Outro movimento social expressivo foi a Liga Camponesa de 1955, que surgiu no nordeste do país. Além da luta pela Reforma Agrária, os trabalhadores se organizaram contra a exploração da mão de obra pelos latifundiários e empresários da cana-de-açúcar. No sistema da época, os donos das fazendas concediam um espaço para os trabalhadores construírem pequenas casas de taipa e fazerem uma plantação de subsistência, e em troca, eles deveriam trabalhar gratuitamente para os senhores na fazenda. Essa relação recebeu o nome de cambão. Outros trabalhadores arrendavam terras e pagavam por elas com parte da produção, que quase sempre era "roubada" pelos proprietários com medições injustas. Os senhores de engenhos e donos de usinas eram violentos e tentaram reprimir o movimento com assassinatos e torturas, mas conforme os anos passavam, mais organizados os trabalhadores ficavam.

A Liga Camponesa nasceu no engenho Galileia, em Vitória de Santo Antão, em Pernambuco. O movimento tinha o nome oficial de SAPPP (Sociedade Agrícola e Pecuária de Plantadores de Pernambuco), mas foi chamada de "Liga" pela imprensa e setores conservadores da sociedade devido à proximidade com o comunismo. Os donos das fazendas, diante da organização, subiam os preços das terras com o objetivo de expulsar os trabalhadores envolvidos no movimento. Mas o advogado Francisco Julião Arruda, que ficou conhecido pela defesa dos trabalhadores rurais, prestou assistência para a Liga e outros trabalhadores.

Anos 1940-2000

O conflito encerrou apenas quando a Assembleia Legislativa aprovou um projeto do advogado de desapropriação da fazenda no ano de 1959. O fato trouxe reconhecimento para a Liga. Mas essa vitória estimulou lideranças a continuarem mobilizadas em favor de uma Reforma Agrária que atendesse aos interesses camponeses. Um dos objetivos do movimento era disseminar a consciência dos direitos "trabalhistas" da época, como o cambão.

As medidas administrativas tomadas pelo governo de Vargas foram consideradas polêmicas e mexeram com a oposição, que chegou a organizar uma manifestação contra o presidente depois de um aumento de 100% no salário mínimo. A pressão dos militares fez com que Vargas demitisse o ministro do Trabalho João Goulart em 1954. Somado a isso, surgem denúncias de corrupção envolvendo Samuel Wainer, dono do jornal *Última Hora,* e o presidente Vargas. Uma CPI (Comissão de Inquérito Parlamentar) é aberta para investigar o suposto recebimento de dinheiro do Banco do Brasil pelos acusados. O clima começava a ficar pesado para Vargas.

Muitas das leis criadas no governo de Vargas permanecem, e com o passar dos anos muitas foram adaptadas e reformuladas para adequação aos dias atuais. Dentre as medidas trabalhistas aprovadas estão o Decreto 31.546, de 6 de outubro de 1952, que regulamentou o trabalho do menor aprendiz e vigorou até 2005, e a Lei 2.168 de 11 de janeiro de 1954, que trata do seguro agrário e continua em vigência.

Dentre as polêmicas, a Lei 2.275 de julho de 1954 dá ao trabalhador e sindicatos a liberdade de ingressarem com reclamação na Justiça do Trabalho contra o empregador que não paga o salário do empregado. Além de leis trabalhistas, Vargas cria no dia 3 de outubro de 1953 a Lei do Monopólio do Petróleo (Lei 2.004). Ela estabelecia como seria a exploração, refino e transporte do produto. Segundo a lei, toda a cadeia era de exclusividade estatal e da Petrobrás.

Carlos Lacerda, jornalista e ex-deputado federal da UDN (União Democrática Nacional) que fazia forte oposição a Getúlio, sofre um atentado, o que acaba por gerar uma crise política, já que a oposição era composta basicamente por militares. Acusado de ser o mandante do crime, no qual um major morreu, Vargas é aconselhado a se afastar da Presidência. E na noite de 23 para 24 de agosto de 1954, após uma reunião ministerial na qual foi compelido a assinar um documento que estabelecia sua licença do cargo, Vargas se suicida deixando seu legado e a famosa frase "deixo a vida para entrar para a história". Com a morte de Vargas, o vice Café Filho, que era da oposição e conservador, assume a Presidência. No ano seguinte são convocadas novas eleições.

No dia 3 de outubro de 1955, Juscelino Kubitschek é eleito presidente do Brasil e João Goulart, vice. Seu mandato começou bastante atribulado com risco de não conseguir assumir o cargo. Em plena caça aos vermelhos, ele foi acusado de ser apoiado pelos comunistas e não ter recebido a maioria absoluta dos votos. Mas sua posse foi garantida pelos militares que acreditavam que o presidente interino Carlos Luz não fosse passar o cargo. No primeiro dia ele expôs seu plano de governo desenvolvimentista em que prometia fazer o país avançar 50 anos em 5.

Kubitschek, que assumiu um país agrário e pobre, percebeu que era preciso modernizar as indústrias para gerar mais empregos e renda. Os setores de energia, transportes, indústria de base, educação e alimentação ocupavam as metas do plano de desenvolvimento. A última e mais notável é a construção de Brasília e a

Anos 1940-2000

transferência da capital do Brasil. E o que havia sido idealizado e começado por Vargas ganha corpo no governo de JK. A partir de então o país passaria pela maior transformação econômica de sua história, com seus prós e contras. E Juscelino já acumulava a experiência de ter governado Minas Gerais de 1951 a 1955.

Para atrair as indústrias automobilísticas, o presidente ofereceu benefícios e acabou incentivando a entrada de capital estrangeiro no país. Ele foi bastante criticado, já que isso ocasionou a inflação, que trouxe muitos dissabores para a população, e aumento considerável da dívida do país. Na época, os contratos com o poder público previam a transferência de tecnologia; dessa forma as empresa ficavam de certa forma dependentes dos estrangeiros. E conforme a indústria automobilística crescia, o governo deixava de lado as estradas de ferro.

O primeiro veículo fabricado no país é o Romi-Isetta da Romi S. A., no ano de 1956, em Santa Barbara d'Oeste, interior de São Paulo. No mesmo ano, a Vemag começa a vender uma caminhonete montada pela empresa DKW e depois de dois anos começa a montar sedãs. Em 1959 é instalada a fábrica da Volkswagen em São Bernardo do Campo. A fábrica irá popularizar a Kombi e o Fusca. E será palco de greves históricas e do movimento sindical da indústria metalúrgica. Foi onde surgiu a liderança mais importante do Brasil, o ex-presidente Luiz Inácio Lula da Silva.

A industrialização traz para o país uma nova relação de trabalho. Ela ficou mais complexa e os ânimos ficaram mais acirrados. Com um novo êxodo rural, a situação econômica fica apertada e uma greve para 400 mil pessoas em 1957. O resultado foi um aumento salarial de 32% e a derrubada da Lei 9.070 de 1946, que proibia as greves. Ela durou quase um mês. E, no ano seguinte, o salário mínimo foi

Justiça do Trabalho

reajustado em 100%. Outras greves ficam para a história, como a Greve Geral do Recife, a contra a Carestia e a da Paridade.

A meta síntese – construção de Brasília – atendia, na verdade, a uma exigência constitucional de levar para o interior a capital federal. O desenho da cidade de Lúcio Costa foi escolhido em concurso e os prédios foram desenhados por Oscar Niemeyer. O Palácio do Catete, no Rio de Janeiro foi transformado em museu às 9 da manhã do dia 21 de abril de 1960, e no mesmo dia, Brasília é fundada. No último ano de seu governo, Kubitschek enfrentou muitas crises; sem dinheiro para terminar Brasília, rompeu com o FMI (Fundo Monetário Internacional). E para arrecadar mais verbas emitiu títulos públicos e precatórios.

JK foi acusado de corrupção na ocasião da construção de Brasília. Segundo a imprensa da época, as obras eram superfaturadas, e apenas a empresa aérea do presidente transportava o material de construção enquanto as estradas não ficavam prontas. Mas as notícias não foram comprovadas e JK nunca foi processado por esse motivo. Apenas respondeu a um inquérito militar por ligação com comunistas. Ele morreu em 1976 num acidente de carro na Dutra.

Ao fazerem uma obra no Congresso Nacional em 2011, operários encontraram mensagens deixadas por trabalhadores em 1959, um ano antes da inauguração de Brasília. Neste ano, a cidade já contava com uma população estimada de 50 mil pessoas. A obra tinha o objetivo de sanar uma infiltração no Salão Verde da Câmara dos Deputados. As mensagens de esperança escritas a lápis mostram os sentimentos daqueles que estavam construindo Brasília. "Que os homens de amanhã que aqui vierem tenham compaixão dos nossos filhos e que a lei se cumpra", diz mensagem sobre o concreto, escrita pelo operário José Silva Guerra, datada de 22 de abril de 1959.

Anos 1960

ERA UM DIA CLARO, DE SOL AZUL, UM FERIADO no começo de outono, o 21 de abril, quando o então presidente da República do Brasil Juscelino Kubitschek fechou os portões do Palácio do Catete, no Rio de Janeiro, transformando-o em museu, e voou para Brasília, inaugurando a nova capital do país. A cidade, moderna, tinha o traçado de um avião, e fora pensada e projetada a partir de um plano piloto de Lúcio Costa, que havia ganhado um concurso nacional. Oscar Niemeyer foi o arquiteto que deu vida aos prédios da cidade, transformando-a num monumento a céu aberto, numa cidade-símbolo de um novo tempo, de um novo país. Começavam, afinal, os anos 1960, os anos do *rock and roll*, dos Beatles, do iê-iê-iê, dos festivais de música brasileira, da tevê em cores, de Chico Buarque e Elis Regina, da corrida à lua, dos filmes de Fellini, de Godard e de Buñuel, de Audrey Hepburn em *Bonequinha de luxo* e de Jean Seberg em *Acossado*, da interminável série de *007*. Eram os anos loucos, os anos rebeldes.

Com a inauguração de Brasília, um novo cenário político estava se desenhando no país. O vice-presidente João Belchior Marques Goulart, ou melhor, Jango, depois de carreira meteórica ao lado de Getúlio Vargas e uma atuação polêmica como Ministro do Trabalho, fora novamente reeleito como vice-presidente na chapa encabeçada por Jânio Quadros. Pelas leis eleitorais do período, podia-se eleger o

Justiça do Trabalho

presidente por um partido e o vice por outro, e esses dois partidos não precisavam ser necessariamente aliados, podendo até mesmo ser concorrentes. Foi o que aconteceu com Jango e Jânio. Jânio era do Partido Democrata Cristão, o PDC, enquanto Jango, da UDN. Visões políticas opostas, em 25 de agosto de 1961, levaram à renúncia ao cargo por parte de Jânio Quadros, enquanto João Goulart visitava a República Popular da China, país comunista que causava horror aos políticos de direita do país, em especial aos militares.

Em 13 de julho de 1962, Jango promulgou a Lei que garantiu o Décimo Terceiro Salário para os trabalhadores. A lei, de número 4.090, instituiu uma espécie de gratificação de Natal obrigatória, dos empregadores aos empregados. Pela lei, "todo o mês de dezembro de cada ano, o empregado receberá uma gratificação salarial, independente da remuneração a que fizer jus. A gratificação corresponderá a 1/12 avos da remuneração devida em dezembro, por mês, do ano correspondente [...]".

A lei do Décimo Terceiro salário de 1962 aproximou ainda mais Jango dos trabalhadores, deixando os militares desconfiados de um possível golpe de esquerda. Jango, na China, ainda era aclamado pela população, mas foi impedido de retornar ao país e tomar posse. Os ministros da aeronáutica, Gabriel Grün Moss, do exército, Odílio Denys, e da marinha, Sílvio Heck, elegeram como presidente do Brasil o presidente da câmara dos deputados, Ranieri Mazzilli.

Conhecido por seu apoio aos trabalhadores, como na criação do Primeiro Congresso da Previdência Social, em meados da década de 1950, e do aumento de 100% no salário mínimo em 1º de maio de 1954, Jango era temido pelos militares por suas ligações com o PSB (Partido Socialista Brasileiro) e com o PCB (Partido Comunista

Anos 1940-2000

Brasileiro). A crise havia se instaurado no país. Leonel Brizola, antigo correligionário de Jango no Rio Grande do Sul, começou o que ficou conhecida como *Campanha da Legalidade*, para que o vice-presidente pudesse tomar posse, conforme garantia a Constituição.

O Congresso Nacional acabou aprovando uma solução de conciliação, a mudança do regime de governo de presidencialismo para parlamentarismo. Jango seria empossado presidente, mas governaria ao lado de um primeiro-ministro. Foi escolhido Tancredo Neves, da mesma chapa que havia eleito Jânio Quadros, o PSD. Em 1962, querendo concorrer ao congresso, Tancredo saiu do cargo e foi substituído por Brochado Rocha, que saiu em setembro do mesmo ano, sendo finalmente substituído por Hermes Lima. Depois de uma série de reformas econômicas mal-sucedidas, somadas ao descontentamento de setores militares subtalternos, como cabos e soldados, o desgaste do governo era evidente. A situação do país era grave e instável.

Na madrugada do dia 31 de março de 1964, o general Olímpio Mourão Filho iniciou a movimentação de tropas para dar início ao golpe militar. No final da tarde, o general Peri Bevilacqua alertou o presidente para a necessidade de ele optar imediatamente entre as forças armadas e os sindicatos. No mesmo dia, o governo foi derrubado. No dia seguinte, 1º de abril, Jango, que estava no Rio de Janeiro, retornou à Brasília e depois ao Rio Grande do Sul. De lá, Leonel Brizola queria organizar uma resistência armada ao golpe de estado dos militares. Jangou recuou, não querendo o derramanento de sangue, e exilou-se primeiro no Uruguai, depois na Argentina. Os militares cassaram-lhe os direitos políticos. Era o Ato Institucional Número 1 (AI-1).

A década de 1960 ficara assim separada por duas datas principais e que vão dar o norte para as relações trabalhistas do período

Justiça do Trabalho

– antes de 1964 e depois de 1964; antes do golpe militar e depois do golpe militar. A polarização política do país entre sidicatos e militares norteou as relações entre governo e trabalhadores. Nos anos 1950, Juscelino Kubitschek, ao lado de João Goulart, havia feito uma série de regulamentações no Ministério do Trabalho, Indústria e Comércio. Kubitschek e Jango criaram a Lei Orgânica da Previdência Social, que vai tramitar no Congresso Nacional por 13 anos, de 1947 a 1960. Com sua aprovação, em 26 de agosto de 1960, o antigo Ministério do Trabalho, Indústria e Comércio foi desdobrado em dois: o da Indústria e Comércio e o do Trabalho e da Previdência Social.

A lei, de número 3.807, também unificava a assistência aos trabalhadores, juntando de maneira orgânica os antigos IAPS (Institutos de Aposentadorias e Pensões) e diminuindo as disparidades entre as diferentes categorias sociais. Uniformizava também as contribuições e os planos de benefícios dos diversos institutos de trabalhadores, marcando o definitivo abandono de diversificações e da legislação esparsa, abundante e algumas vezes contraditória. Ficavam de fora da nova lei os trabalhadores rurais, os empregados domésticos e, naturalmente, os servidores públicos de autarquias e que tivessem regimes próprios de previdência social. Os trabalhadores rurais só foram incorporados aos sistema de previdência social com a lei 4.214 de 2 de março de 1963, com a criação do Funrural (Fundo de Assistência Rural do Trabalhador).

A separação dos ministérios pela LOPS (Lei Orgânica da Previdência Social) naturalmente dava ênfase às relações trabalhistas, destacando sua crescente importância para o país e revelando um cenário: o da crescente industralização brasileira. Se o sociólogo

Anos 1940-2000

Florestan Fernandes colocou a revolução brasileira em meados do século XIX, foi a partir dos anos 1950 que a industralização do país ficou evidente. As relações entre empregados e empregadores, entre patrões e funcionários, tornou-se tema de debate nacional, de tensões e discussões acaloradas.

O golpe militar acirrou essas tensões, com a criação por parte do presidente militar Humberto Castelo Branco do Ato Institucional Número Dois (AI-2), que acabava com os partidos políticos no Brasil. Desta forma, o debate sobre os direitos e deveres de trabalhadores e patrões continuou tenso ao longo da década. Em 1966, mais exatamente em 21 de novembro, o governo de Castelo Branco criou o INPS. O novo órgão, que começou a funcionar no começo do ano seguinte, 1967, reuniu em uma mesma estrutura seis Institutos de Aposentadorias e Pensões até então existentes. A previdência tornou-se uma área em que os governos militares procuraram apoio e sustentação populares para o regime antidemocrático.

O novo Instituto se viu na obrigação de incorporar benefícios que já estavam garantidos pela Lei Orgânica da Previdência Social, para além das aposentadorias e pensões. O principal deles foi a assistência médica. Assim, os novos técnicos do INPS passaram a adotar uma gestão de saúde pública *privatizante*, ou seja, para garantir o acesso dos trabalhadores à saúde o INPS desenvolveu um complexo médico-industrial de gestão privada, em que o governo pagava por serviços prestados aos trabalhadores. Ainda assim, a criação do INPS conseguiu garantir de fato acesso à saúde por mais trabalhadores urbanos, já que bastava ter a carteira assinada para poder usufruir dos programas de saúde do governo. Ainda assim, a maior contribuição das novas leis foi o aporte de recursos ao próprio governo, já que pelas novas regulamentações o trabalhador

Justiça do Trabalho

contribuía com uma parte dos recursos, a empresa com outra e o governo com uma terceira parte.

Mas a criação do INPS não foi a única reforma trabalhista vinda com o pacote de leis de 1966. Foi criado também o FGTS, o Fundo de Garantia por Tempo de Serviço. Até aquela data, ou seja, 13 de setembro de 1966, todo o trabalhador que completasse 10 anos de serviço tornava-se estável, só podendo vir a ser demitido por justa causa. Por esse sistema, todo o trabalhador que fosse demitido depois de um ano de trabalho e até 10 anos trabalhados na mesma empresa tinha direito a um mês de salário para cada ano na empresa como forma de indenização. Se o trabalhador tivesse 10 anos de empresa e fosse demitido por justa causa, receberia dois meses de salário para cada ano de salário. O resultado era que as empresas costumavam demitir os trabalhadores pouco antes deles completarem 10 anos para economizarem na indenização.

O FGTS regulamentou as relações de emprego. Ao criar uma taxa fixa e compulsória, numa conta administrada pelo governo, criou ao mesmo tempo uma espécie de poupança governamental, que por lei deveria ser usada para financiar a construção de habitações populares e saneamento. Até 1988, o trabalhador poderia optar em ser estável depois de 10 anos ou aderir ao sistema de FGTS. Depois da promulgação da Nova Constituição, essa opção foi extinta e todos os trabalhadores vinculados à CLT passaram a fazer parte do sistema do FGTS.

Ao longo da década de 1960, a legislação trabalhista foi se consolidando, em formas de Decretos e medidas legais, acrescentando e readequando a legislação. A criação do Décimo Terceiro Salário, do INPS e do FGTS formaram a base do sistema que conhecemos hoje,

Anos 1940-2000

unificando categorias de trabalhadores e dando forma a reivindicações de trabalhadores e empregadores.

Essa Consolidação das Leis do Trabalho nos anos 1960 foram extremamente representativas do tempo em que foram criadas. A ditadura militar, a polarização da sociedade, a militância política deram o tom para uma legislação ao mesmo tempo moderna e arcaica – moderna porque reconhecia e regulamentava os direitos sociais do trabalhador, arcaica porque reprimia as lutas trabalhistas e sindicais por melhores condições salariais, de trabalho e de democracia.

As novas leis regulamentadas nos anos 1960 tentaram acabar com os contratos formais e individuais de trabalho e conseguiram, em grande parte, cumprir seu intento. O INPS, o FGTS, as férias, o décimo terceiro salário, a cobertura por acidentes estabeleceram uma relação de dependência dos empregados com os próprios empregos. Ao mesmo tempo, essas próprias leis protegiam os empregadores de conflitos, gerando a falta de cumprimento da legislação por parte dos empresários. As leis eram novas e, ao longo das décadas, foi a Justiça do Trabalho que se tornou a mediadora desses conflitos entre empregados e empregadores.

À medida que cresciam os aparatos legais de regulamentação do trabalho, cresciam os conflitos, regulados pela Justiça do Trabalho. Apenas nos anos sessenta, os anos rebeldes, os anos em que a juventude mudou o mundo, como diziam os franceses de maio de 1968, a Justiça do Trabalho no Brasil atendeu a 3.333.214 ações. Muito ainda estava por se fazer. O regime militar endurecia o controle da sociedade – proibindo reuniões partidárias, prendendo a torturando opositores políticos. Como cantava Chico Buarque, em *Roda viva*: "Tem dias que a gente se sente/ como quem partiu ou morreu/ A gente estancou de repente/ ou foi o mundo então que cresceu/ a gente quer ter voz ativa/ no nosso destino mandar/ mas eis que chega a roda viva/ e carrega o destino para lá." Os duros anos 1970 estavam para começar.

Anos 1970

O INÍCIO DOS ANOS 1970 FOI O PERÍODO MAIS DURO da Ditadura Militar no Brasil e ficou conhecido como "Anos de Chumbo". O AI-5 (Ato Institucional Número 5), decretado em 1968, deu poderes absolutos para o presidente, suprimiu as garantias constitucionais e fechou o Congresso Nacional. Com isso aumentou a repressão à sociedade. Juízes foram aposentados, parlamentares cassados e pessoas foram presas e torturadas sem o direito a um contraditório e ampla defesa.

Em 30 de outubro de 1969, o militar Emílio Garrastazu Médici foi escolhido por uma Junta Militar para assumir a Presidência. Em consonância com o que desejavam os militares, o presidente escolhido manteve a repressão aos movimentos sociais e qualquer grupo que fizesse menção contrária ao governo. Entretanto, conforme aumentou a coerção contra a sociedade, cresceram e se intensificaram os movimentos contra os militares, a censura e controle. No dia 1º de setembro de 1973, é inaugurada a sede do Sindicato dos Metalúrgicos de São Bernardo do Campo e Diadema, na região do ABC, em São Paulo. Os sindicatos irão colaborar para a abertura do regime democrático fazendo forte oposição aos militares.

Paralela aos "Anos de Chumbo", a economia brasileira crescia vertiginosamente. O "milagre econômico brasileiro", como ficou conhecido, iniciou-se no governo de Juscelino Kubitschek com seu ambicioso Plano de Metas e se estendeu até 1973, quando o país começou

Justiça do Trabalho

a sofrer os efeitos da crise do petróleo. Estima-se que de 1968 a 1973 o PIB (Produto Interno Bruto) tenha crescido em média 10% ao ano, impulsionado principalmente pela entrada de capital estrangeiro e uma taxa cambial que favorecia esses investimentos. A meta do novo governo ainda era o crescimento e a industrialização, que continuou sendo estimulada junto à contenção da inflação. O período também foi marcado pela criação e investimento do governo em empresas estatais que renderam lucros altos. Além disso, a economia aquecida gerou milhões de empregos.

Essa riqueza tão anunciada, porém, não foi distribuída. O responsável pelo milagre, o economista Delfim Netto, dizia que "primeiro era preciso deixar o bolo crescer para depois repartir". E o resultado foi uma concentração de renda e uma piora da desigualdade econômica e social. Entretanto, a propaganda do governo com o crescimento econômico tinha um objetivo central de manter a ordem e justificar o governo militar. Mas, com a crise do petroléo, o Brasil reduziu a taxa de crescimento e aumentou consideravelmente a inflação.

A produção legislativa trabalhista continuava e muitas profissões foram regulamentadas, como a de autuário (Decreto 66.408/70), técnico de administração (Decreto 70.673/72), empregado doméstico (Decreto 71.885/73), trabalho temporário (Decreto 73.841/74), guardador e lavador de carro (Decreto 79.797/77), corretor de imóveis (Decreto 81.871/78), arquivista (Decreto 82.590/78), artista (82.385/78), jornalista (Decreto 83.284/79) e artesão (Decreto 83.290/79).

Em 14 de abril de 1976 foi criado o PAT (Programa de Alimentação do Trabalhador), que tinha por objetivo melhorar a alimentação do trabalhador e consequentemente a saúde. Atualmente, o programa

Anos 1940-2000

visa a saúde e segurança no trabalho. Ele dá prioridade para os empregados que recebem até cinco salários mínimos.

Apesar de muitos direitos trabalhistas estarem no papel, o salário não tinha o mesmo poder de compra com a alta da inflação, eles foram "arrochados". Diante desse quadro, os trabalhadores organizados dentro de fábricas começaram uma movimentação mais intensa com uma proximidade maior da direção dos sindicatos.

Quando Getúlio Vargas, através do Ministério do Trabalho, autorizou os sindicatos eles eram legalistas. A direção das entidades ficava nas mãos de interventores, que negociavam junto aos empregadores as reinvindicações dos trabalhadores. Esse modelo não era bem visto pelos operários, já que as negociações se davam sem a participação efetiva deles. Mas, com o passar do tempo, os trabalhadores começaram a se aproximar dos cargos de chefia, o que mudou drasticamente a configuração da atuação deles na sociedade.

Mas essa organização não poderia ser feita de forma explícita, afinal o país ainda viva os "Anos de Chumbo". Em 25 de outubro de 1975, o jornalista e diretor da TV Cultura, Vladimir Herzog, foi morto dentro das dependências do Doi-Codi (Destacamento de Operações de Informações – Centro de Operações de Defesa Interna). Ele havia sido intimado para prestar depoimento sobre seu suposto envolvimento com os comunistas. As autoridades divulgaram uma foto do jornalista pendurado pelo pescoço alegando que ele havia se suicidado.

Nesse período, os militares acreditavam que a luta armada já havia sido extinta e então decidiram focar a ação de combate aos comunistas nos trabalhadores. Chegaram a instalar salas de interrogatórios dentro dos locais de trabalho pra descobrir quem eram os articuladores dos sindicatos. Todos que pudessem de alguma forma se opor

Justiça do Trabalho

ao regime militar eram perseguidos ou mortos, e foi o que aconteceu com o metalúrgico Manuel Fiel Filho. Ele, assim como muitos, chegou a São Paulo no período do exôdo rural. Essa organização dos trabalhadores não passava despercebida pela ditadura.

No dia 16 de janeiro de 1976, dois homens, que se diziam ser da prefeitura, buscaram Manuel Fiel Filho na fábrica onde trabalhava. Eles o levaram para o Doi-Codi, onde foi torturado e morto. No dia seguinte, sua mulher recebeu apenas as suas roupas e o recado de que ele havia se matado. A acusação contra ele: receber o jornal *Voz Operária*. A divulgação da morte do operário Fiel Filho fez com que o general Ednardo D'Ávila Melo, do comando do 2º Exército, caísse. Tinha pegado mal para o regime matar um trabalhador.

Começava então uma "lenta, gradual e segura" abertura política. O que não significava que não houvesse mais repressão. Em 1977, a PUC (Pontifícia Universidade Católica) de São Paulo é invadida, sob o comando do coronel Erasmo Dias. Estudantes e professores apanharam da polícia e alguns foram processados por crime contra a Segurança Nacional. E, no ano seguinte, o Congresso Nacional promulga a Emenda Constitucional 11, que acaba com o AI-5 e possibilita o *habeas corpus* novamente. Mas ela só entraria em vigor em janeiro de 1979.

Em maio de 1978 acontece na região do ABC uma das mais importantes greves da história do país, contrariando a lei que as proibia. Os 3 mil trabalhadores da Scania, montadora de veículos de São Bernardo do Campo, cruzaram os braços diante das máquinas pedindo reajuste salarial. O grupo foi liderado pelo ferramenteiro Gilson Menezes, que teve menos de um mês para organizar a mobilização. Quanto menos tempo para organizar, menos chance de serem pegos pela polícia do Dops

Anos 1940-2000

(Departamento de Ordem Política e Social). Os trabalhadores chegaram a trocar a palavra greve por paralisação, já que estas estavam proibidas.

Essa atitude reverberou e outras greves se inciaram. No dia 14 de março de 1979, os 150 mil trabalhadores da região do ABC fizeram a segunda greve em menos de dois anos. Ela aconteceu na véspera da posse do novo presidente João Figueiredo. A Fiesp (Federação das Indústrias do Estado de São Paulo), representando os empresários, ofereceu um reajuste que não foi aceito pelos trabalhadores. O momento econômico exigia, segundo o sindicato, um aumento maior, já que o custo de vida estava mais caro. Em contrapartida, os trabalhadores exigiram um aumento de 70% e a permissão de pessoas do sindicato dentro das empresas.

Paralisações parciais também ocorream nas fábricas da Volkswagen, Mercedes Benz e da Ford. Entre as estratégias usadas pelos trabalhadores para fazer com que as pessoas aderissem à greve, um trabalho de formiguinha era feito nos bairros, boca a boca. Eles também paravam os ônibus que transportavam os empregados antes que eles chegassem às fábricas. As assembleias eram feitas no Estádio de Vila Euclides, dado o número de pessoas que reuniu. Cerca de 60 mil pessoas compareciam e decidiam se continuavam em greve ou não.

Mesmo com a imagem manchada, o governo decidiu usar a força para dispersar a greve. E a resposta dos militares foi a intervenção nos sindicatos e prisão de trabalhadores. Mais tarde, os militares decidiram agir e fizeram intervenção nos sindicatos. Os trabalhadores passaram a agir de forma clandestina. Ao final da década de 1970, 400 mil metalúrgicos estavam empregados em mais de dez mil empresas na Grande São Paulo.

Justiça do Trabalho

O sindicato dos metalúrgicos do ABC continuou funcionando mesmo sob intervenção, e com o estádio e a sede cercada de militares, os trabalhadores começaram a se reunir na rua.

Os trabalhadores ganharam a simpatia da sociedade e de uma instituição de peso na luta por melhores salários, condições de trabalho e o fim da repressão: a Igreja Católica se posiconou ao lado dos pobres e dos trabalhadores. E com a entrada de João Figueiredo na Presidência surge a novamente a promessa de uma abertura política. "Quem não quiser que eu abra, eu prendo e arrebento", afirmou. Ele diz que vai fazer do país uma democracia, revoga o banimento de 122 brasileiros e em agosto de 1979 sanciona a Lei da Anistia (6.683/79). Entretanto, a luta dos trabalhadores continua e uma nova intervenção nos sindicatos é feita.

Nesta época, um líder sindical ganhou destaque pelo carisma e a coragem: Luiz Inácio Lula da Silva era presidente do sindicato dos metalúrgicos do ABC, e comandou as grandes greves de 1978, 79 e 80. Nascido em Garanhuns, em Pernambuco, começou a trabalhar aos 12 anos para ajudar a família. Ainda jovem, Lula se mudou para São Paulo em uma viagem que durou 13 dias. Morou no litoral onde trabalhou como vendedor de laranja, engraxate e auxiliar de escritório.

Em São Bernardo do Campo, fez um curso para trabalhar em uma metalúrgica como torneiro mecânico e filiou-se ao sindicato dos metalúrgicos em 1968. Após as greves do início da década de 1970, Lula ganhou notoriedade e se consagrou nas seguintes. Quando, em 1979, o governo criou a lei do pluripartidarismo, ele e outros sindicalistas fundaram o PT (Partido dos Trabalhadores).

No ano seguinte, após uma das greves do ABC em 1980, Lula foi preso e condenado a três anos de prisão pela Justiça Militar por crime

Anos 1940-2000

previsto na Lei de Segurança Nacional. Com o apoio de personalidades importantes e de trabalhadores, ele foi solto um mês após a prisão. E, finalmente, depois de quatro tentativas de alcançar a Presidência, Lula foi eleito ao mais alto cargo do país no ano de 2002.

Os trabalhadores tiveram fundamental importância na redemocratização do país. Depois de longos anos de sofrimento e repressão, os movimentos sindicais deram fôlego para que a sociedade saísse às ruas e reivindicasse as eleições diretas. Eles angariaram simpatizantes e deram o impulso para o que conhecemos hoje como país onde as liberdades e garantias individuais são respeitadas.

Anos 1980

O INÍCIO DA DÉCADA FOI BASTANTE MOVIMENTADO não só porque a sociedade estava em efervencência pedindo a abertura política. Ela continuava sendo oprimida, mas reagia cada vez mais contra o governo dos militares. Por outro lado, ativistas de extrema direita também resolveram lutar por um regime que anunciava seu fim a cada dia. Só em 1980 foram registrados pelo menos dezoito atentados a bomba. No ano seguinte, pelo menos outras nove explodiram. Os maiores alvos eram os setores que apuravam e, de alguma forma, pulverizavam as informações. As redações dos jornais e as bancas de revistas sofreram vários ataques. Outras entidades que também eram a favor da redemocratização sofreram por encampar uma ideia divergente da direita do país.

Uma carta-bomba enviada à OAB (Ordem dos Advogados do Brasil) seccional do Rio de Janeiro matou Lyda Monteiro, secretária do presidente da entidade. A carta estava endereçada ao presidente na época, Eduardo Seabra Fagundes, mas a secretária a abriu às 14h do dia 27 de agosto de 1980. A data marca o Dia Nacional de Luto dos Advogados. O caso não teve um desfecho respeitável já que ninguém foi investigado ou punido. Entretanto, outra bomba evidenciaria quem e o que estava por trás de todos aqueles atentados.

A mais famosa delas é a que explodiu no estacionamento da casa de shows chamada Riocentro, no Rio de Janeiro. Na véspera do dia em que se comemora o dia do trabalhador, o CBD (Centro Brasil Democrático) organizou um evento que reuniu vários nomes da música popular brasileira: Ney Matogrosso, Chico Buarque, Francis Hime, Clara Nunes, Djavan, Elba Ramalho, A Cor do Som, Paulinho da Viola, Zizi Possi e muitos outros. O show era uma homenagem ao compositor Luis Gonzaga e ao dia 1º de Maio.

Uma bomba seria colocada no próprio edifício e outra em uma estação elétrica. Mas uma delas explodiu antes, dentro do carro onde estavam o sargento Guilherme Pereira do Rosário e o capitão Wilson Dias Machado. O primeiro morreu na hora e segundo ficou gravemente ferido. Pouco depois, outra explosão aconteceu no local responsável pelo fornecimento de energia do Riocentro. Na época, os militares atribuíram os atentados à extrema esquerda, mas uma confissão apontou como responsáveis radicais da extrema direita. Era o início da queda do regime militar.

Os operários, contudo continuavam sua luta por melhores salários e condições de trabalho. Com a pressão pela anistia, acaba a intervenção nos sindicatos, que retornam com força, e as greves se tornam recorrentes. De 1978 a 1988, ocorreram mais de duas mil paralisações no setor público e privado. Ainda no início dos anos 1980, nasce a primeira comissão de trabalhadores na fábrica da Ford, na região do ABC. Os empresários donos de indústrias começam a automatizar a produção, e com isso muitos trabalhadores são demitidos. A situação do trabalhador é agravada pela realidade econômica, já que a inflação se tornou hiperinflação. E novamente, o assalariado vê que não tem o mesmo poder de compra. Começam então as negociações coletivas pela reposição salarial abocanhada pela inflação e recessão.

Anos 1940-2000

Apesar da função dos sindicatos ser a de intermediário na negociação dos trabalhadores com os empresários, boa parte dos conflitos que envolvem os dissídios coletivos vai parar na Justiça do Trabalho. É ela que homologa os acordos firmados nas negociações coletivas. Como as greves se restringem às fábricas, elas acabam sendo resolvidas entre os empregados e donos das empresas. Começa a haver nesse período uma descentralização dessas negociações, o que acabou retirando dos sindicatos a inciativa da representação dos trabalhadores. Somado a isso, a lei que proibia as greves continuava em vigor, o que também tirvaa dos trabalhadores a única forma de pressão nas negociações com o empregador.

Com a volta das greves do ABC nos anos 1980, os sindicatos ganham força novamente. Mas as negociações se dão em outra esfera com as federações. No ABC, por exemplo, as negociações acontecem entre a FMESP (Federação dos Metalúrgicos do Estado de São Paulo) e a Fiesp. Com a fundação da CUT (Central Única dos Trabalhadores) em 1983, a negociação das questões trabalhistas passa a acontecer entre as entidades nacionais de trabalhadores e empresários.

A Justiça do Trabalho, que proferia decisões em consonância com a legislação vigente, acabou sendo um ponto favorável para os empresários. Por vezes, o aumento concedido era menor do que o pleiteado pelos trabalhadores. Além disso, havia a possibilidade de intervenção em sindicatos que desafiassem a lei de Greve. Dessa forma, ao invés da Justiça do Trabalho viabilizar negociações justas, acabou fechando a pauta às reivindicações salariais apenas. Com a proibição de fazer greve e paralisações, os trabalhadores descobrem outra forma de pressionar os empregadores. Em 1984, os metalúrgicos do ABC colocam em prática uma "operação tartaruga" dentro das fábricas.

Justiça do Trabalho

Também nesse período, os operários participam ativamente do movimento pelas eleições diretas para presidente da República, conhecido como Diretas Já. O deputado federal Dante de Oliveira (PMDB-MT) apresentou uma PEC (Proposta de Emenda à Constituição) com o objetivo de restabelecer o voto direto, mas o Congresso Nacional frustrou a população, que apoiava fortemente a medida, e não aceitou a PEC, possivelmente pressionado pelos militares. Os operários liderados pelo PT participaram ativamente das manifestações em prol das eleições diretas. Receberam também o aval de muitos políticos de oposição ao regime. As passeatas trouxeram para as ruas das principais capitais mais de um milhão de pessoas, em apenas um dia. E foram muitos dias de manifestações. A resposta dos militares, como sempre, foi a repressão através da censura e a força policial.

Após muita pressão, foi formado um Colégio Eleitoral para escolher o substituto do presidente Figueiredo. Tancredo Neves foi eleito, mas faleceu antes de assumir a Presidência. José Sarney, seu vice, tomou posse em seu lugar e, cumprindo uma promessa, convocou a Assembleia Nacional Constituinte para escrever a nova Carta Magna.

Havia, na ocasião, a dúvida de quem seriam os responsáveis pela elaboração do novo texto, se pessoas eleitas, ou os parlamentares do Congresso Nacional. Ficou estabelecido que o próprio Congresso faria a nova CF, porém, recém eleito. E no dia 1º de janeiro de 1987, se voltou completamente para a produção da maior base jurídica do país. Para comandar esse projeto, foi escolhido o deputado federal Ulysses Guimarães, que apresentou a nova Constituição para a sociedade em 1988. O processo de construção de uma nova Constituição

Anos 1940-2000

foi bastante democrático e a população e entidades da sociedade civil puderam participar com sugestões e críticas.

O resultado desse trabalho foi uma Constituição cidadã, porque estabeleceu uma série de direitos e garantias individuais que não existiam nas constituições anteriores. A maior inovação da Constituição Federal foi a importância que ela conferiu aos Direitos Sociais, onde estão os direitos do trabalhadores e as regras do trabalho.

Algumas das novidades foram incluídas no texto constitucional para funcionarem como uma garantia, porque já haviam sido publicadas em legislação ordinária, ou haviam sido estabelecidas em dissídios coletivos. É o caso do seguro-desemprego, do piso-salarial, da irredutibilidade salarial, do 13ª salário e aviso prévio de no mínimo 30 dias. A mulher trabalhadora e a criança tiveram uma atenção especial com a licença maternidade de 4 meses e o auxílio-creche para os menores de seis anos.

No âmbito de trabalhos que põem a vida do trabalhador em risco, a Constituição cuidava de garantir adicional de periculosidade e insalubridade para aqueles que passam por perigos ou se expõem a agentes contaminantes durante o exercício da profissão. E caso o trabalhador viesse a sofrer um acidente, ele receberia um valor-seguro.

Ela também garantiu jornada de seis horas para os empregados que trabalham em turnos com revezamentos ininterruptos e a prescrição quinquenal para os trabalhadores urbanos e rurais.

A maior novidade para o trabalhador com a nova Constituição foi a instituição do salário mínimo unificado em todo o Brasil, pois antes era separado por várias regiões. A inclusão de jovens de 16 anos como aprendizes assalariados, horas extras com adicional de 50%, férias com 1/3 a mais da remuneração, e o direito à greve sem restrições

Justiça do Trabalho

foram os maiores ganhos com o novo texto. Posteriormente, foi editada a Lei 7.783/89, que iria regular o direito à greve na iniciativa privada. E até os dias atuais, o setor público não tem nenhum parâmetro sobre como devem ser as greves. Elas ficam a cargo do Judiciário, que acaba decidindo caso a caso.

Em 1989, uma greve na CSN (Companhia Siderúrgica Nacional), em Volta Redonda (RJ), chamou a atenção do país. Os empregados ficaram vários dias parados e tiveram que enfrentar o Exército. No combate, três trabalhadores morreram e 34 ficaram feridos. Na época, o país sofria os efeitos da hiperinflação, motivo pelo qual metalúrgicos reivindicavam reposição salarial. Além disso, eles pediam ainda turnos de trabalho de seis horas. No primeiro dia de paralisação, os operários ocuparam a usina e lá permaneceram ao longo de todo o período. A polícia militar foi chamada e usou a força contra dez mil grevistas que estavam no local, sem conseguirem pôr fim à greve. E no dia 9 o Exército foi chamado e um novo embate aconteceu, este mais grave, com trabalhadores mortos e outros baleados. Esta foi a maior greve da história da CSN.

Outras grandes greves aconteceram no país, principalmente na região do ABC. Lá os trabalhadores entraram em confronto com a polícia e novamente trabalhadores são baleados.

Em 1989, aconteceu a primeira eleição direta para president,e e a economia continuava muito ruim, com a inflação altíssima. Dentre vários candidatos, dois vão para o segundo turno: Fernando Collor de Mello e Luiz Inácio Lula da Silva. Um com uma imagem de bom moço e caçador de marajás. O outro, um metalúrgico com discurso forte. Após um debate com uma edição duvidosa, Collor venceu a primeira eleição direta no país. Todos comemoraram, era o retorno

Anos 1940-2000

total da democracia. Ele prometia acabar com a inflação e a corrupção do país. Mas, em 1992, ele foi afastado do cargo, acusado de corrupção, sofreu um impeachment e foi destituído. Seu vice, Itamar Franco, assumiu o governo.

Anos 1990

NA DÉCADA DE 1990, A JUSTIÇA DO TRABALHO FICOU em evidência por conta do escândalo envolvendo a construção do Fórum do Trabalho de São Paulo. Esse fato acabou gerando a CPI do Judiciário e projetos com o objetivo de acabar com a Justiça do Trabalho. O presidente do Senado, Antônio Carlos Magalhães, afirmou publicamente que ela deveria ser extinta. Mas, contrariando as expectativas, o Congresso Nacional ampliou sua competência e a deixou mais forte com a EC (Emenda Constitucional) 20/99. Ela permitiu que a Justiça do Trabalho cobrasse, sem nenhum pedido oficial, as contribuições sociais do trabalhador na execução. E ainda, acabou com os juízes classistas através da EC 24/99.

Os dois primeiros anos do período foram bastante atribulados para o país. O recém-empossado presidente, Fernando Collor, para tentar controlar a inflação e a alta dos preços, lançou uma série de reformas econômicas que ganhou o nome de Plano Collor. Uma das medidas mais impopulares de seu governo foi o confisco das poupanças. Após denúncias de corrupção, ele foi afastado do cargo e sofreu um impeachment. O advogado Evaristo de Morais Filho, que o defendeu no impeachment, era filho de Antônio Evaristo de Morais, que fez parte da comissão que elaborou a CLT do Ministério do Trabalho na Era Vargas. E o avô de Fernando, Lindolfo Collor, foi o primeiro ministro do Trabalho durante o governo de Vargas. Ainda

Justiça do Trabalho

em relação à Justiça do Trabalho, Fernando Collor nomeou para a mais alta Corte do país – o STF (Supremo Tribunal Federal) – um ministro do TST, o juiz togado Marco Aurélio Mello.

Em maio de 1995, a Justiça do Trabalho foi bastante criticada por ter sido omissa durante a greve dos petroleiros. A categoria já pressionava para ter a reposição salarial desde o ano anterior. Sem uma resposta afirmativa da Petrobras que atendesse às exigências dos trabalhadores, foi marcada uma paralisação para o dia 3 de maio. O presidente Fernando Henrique Cardoso havia implantado no país uma política neoliberal que incluía a privatização de diversas estatais. Entre elas, aventava-se a possibilidade de a Petrobras ser incluída no rol de futuras empresas privadas. Com isso, os trabalhadores considerados servidores públicos perderiam boa parte de seus direitos.

Os petroleiros aderiram em massa à greve e ocuparam várias refinarias do país. Sete dias depois de iniciada, a paralisação contava com o apoio de 90% dos trabalhadores, o que fez com que o TST julgasse a greve abusiva. Começou então a pressão da imprensa e do governo para o fim da movimentação, medidas que eram bastante conhecidas pelos sindicatos, porém, apenas na época da ditadura militar. No dia 11 de maio, a Petrobras solta uma lista com o nome de 25 trabalhadores demitidos por justa causa, em decorrência da greve. E o Jornal Nacional, da Rede Globo, anuncia um a um em horário nobre para todo o país, cogitando a possibilidade da falta de abastecimento de gás de cozinha para a população. Entre os demitidos estava o presidente da FUP (Federação Única dos Petroleiros), Antonio Carlos Spis.

Para dar continuidade à paralisação, os trabalhadores se revezavam para garantir o fornecimento básico de gás. Mesmo assim, o TST volta

Anos 1940-2000

a julgar a greve abusiva e começa a penalizar os sindicatos e trabalhadores. E aplica multa aos sindicatos no valor de R$ 100 mil por dia, por descumprimento da decisão de encerrar a greve. Ainda assim, os petroleiros seguem em greve. No dia 24 de maio, o Exército ocupa as refinarias de Mauá, Paraná, Paulínia e São José dos Campos. No dia seguinte, uma nova penalização: o salário dos trabalhadores não é pago.

A situação era de inflexibilidade por parte dos petroleiros e do governo, que só foi amenizada depois de uma movimentação de solidariedade aos trabalhadores promovida pela CUT no dia 31 de maio. Um dia depois, parlamentares de diversos partidos intercedem nas negociações com o objetivo de reabrir a Petrobras. A direção da empresa aceita parte do acordo de retirar as punições e descontar de forma parcelada os dias não trabalhados. Pouco tempo depois, os petroleiros decidem suspender a greve nacional, que chegou a 32 dias. A última refinaria a ser desocupada pelos trabalhadores é a de Cubatão, litoral de São Paulo.

O saldo da greve é amplamente desfavorável para os sindicatos e trabalhadores, já que a Justiça manteve as contas das entidades bloqueadas mesmo após o fim da paralisação. Ao todo, 73 trabalhadores foram demitidos e os 20 sindicatos foram multados pelo TST em R$ 2,1 milhões cada. A anistia às multas só veio em 1996, mas os bens bloqueados não foram devolvidos. E os petroleiros demitidos só foram reintegrados em 2003. O Poder Legislativo e o Executivo precisaram fazer o papel destinado à Justiça do Trabalho: o de reintegrar esses trabalhadores demitidos por conta da greve.

Sem dúvida os anos seguintes foram os mais desafiadores para a Justiça do Trabalho. A descoberta de superfaturamento envolvendo a construção do Fórum Trabalhista de São Paulo desencadeou uma crise.

Justiça do Trabalho

O Congresso Nacional abriu uma CPI do Judiciário para investigar a corrupção e desvio de recursos. Ela foi amplamente criticada por integrantes da magistratura por se tratar de uma ingerência de um Poder sobre o outro. Mas foi ainda mais difícil para a Justiça do Trabalho, já que a maior parte dos juízes acusados dos crimes era trabalhista.

Em 1992, o presidente do TRT de São Paulo, Nicolau dos Santos Neto, abriu uma licitação para a construção de um fórum na região da zona oeste de São Paulo. A construtora Incal, dos empresários Fabio Monteiro de Barros e José Eduardo Teixeira Ferraz, venceu a licitação para executar a obra, mas ela foi superfaturada e parte do dinheiro desviado. Após três anos de construção, o TCU (Tribunal de Contas da União) comunicou a Comissão de Orçamento do Congresso de que havia irregularidades na empreitada. Até 1998, estima-se que ela tenha custado aos cofres públicos mais de R$ 200 milhões; deste valor, pelo menos R$ 196 milhões teriam sido desviados em um grande esquema comandado pelo presidente da comissão de obra do TRT e que permeava outros Poderes da República. O prédio leva o nome do jurista Ruy Barbosa, mas é mais conhecido por "Fórum do Lalau", em referência ao juiz. Ele foi condenado a 26 anos de prisão por lavagem de dinheiro e tráfico de influência. Mas, só foi preso em dezembro de 2000, após passar sete meses foragido. Atualmente, ele cumpre prisão domiciliar.

O ex-senador Luiz Estevão era dono do grupo OK Construção e Incorporação, que foi contratado para fazer as obras do TRT-SP. O parlamentar foi acusado de estelionato, formação de quadrilha, falsidade ideológica, peculato e corrupção passiva. A Justiça condenou Estevão a 31 anos de prisão pelo desvio de R$ 100 milhões, e ele perdeu seu mandato no Senado. Durante a investigação, descobriu-se

Anos 1940-2000

que um contrato passava parte da Incal para o grupo do senador. O Fórum só abriu suas portas para a população em 2004. E em julho de 2011, a AGU (Advocacia-Geral da União) anunciou que encontrou e vai recuperar R$ 55 milhões desviados no escândalo do TRT pela construtora de Luiz Estevão. O valor é o maior já cobrado pela União.

O envolvimento de um senador no caso de corrupção do TRT de São Paulo motivou a abertura de uma CPI no Congresso Nacional. Ela foi proposta pelo senador, morto em julho de 2007, Antonio Carlos Magalhães (PFL-BA) e presidida pelo senador Ramez Tebet (PMDB-MS). O relatório final ficou a cargo do senador Paulo Souto (PFL-BA). Além do caso sobre Justiça Trabalhista de São Paulo, outros dois foram descobertos, um na Paraíba e outro no Rio de Janeiro, além de outros casos envolvendo juízes da Justiça comum.

No TRT do Rio de Janeiro também foi descoberto um esquema de corrupção, no qual o presidente desembargador José Maria de Mello Porto foi acusado de improbidade, crime contra a ordem tributária e a possível venda de cargos de juízes classistas. Mello Porto também foi acusado de condescendência criminosa por não ter investigado a fita cassete apresentada pelo jornalista José Eduardo Homem de Carvalho, na qual duas juízas classistas, Nair Bairral e Ana Wainstock, foram acusadas de venda de votos. E na Paraíba, constatou-se nepotismo, contratação irregular de pessoal, aquisições de materiais superfaturados, pagamentos ilegais a servidores e juízes e nomeação de juízes classistas de forma irregular.

Com a apresentação do relatório sobre a CPI dos tribunais, que apontava casos de corrupção na Justiça do Trabalho, iniciou-se uma movimentação favorável à extinção e reformas na Justiça do Trabalho. Uma das propostas mais polêmicas foi a do senador

Leonel Paiva (PFL-DF), que propunha a extinção da Justiça do Trabalho e do Ministério Público do Trabalho. Ainda de acordo com a PEC 43/97, os conflitos oriundos das relações de trabalho seriam repassados à Justiça comum. Enfim, o apoio ao fim da Justiça do Trabalho usava o argumento de que esse setor do Judiciário era corrupto, quando, na verdade, apenas parte dele realmente tinha se desviado da sua função verdadeira.

Foi essa CPI que deu origem ao que conhecemos hoje por CNJ (Conselho Nacional de Justiça), órgão de controle externo da Justiça instituído pela EC 45/04, e à reforma do Judicário. O presidente da comissão, Tebet, chegou a afirmar que a origem dos casos investigados residia principalmente na atuação omissa das corregedorias dos tribunais. E que a solução desses problemas viria com um órgão que não sofresse influência dos magistrados e servidores investigados. O senador também destacou, na ocasião, que o Judiciário necessitava de uma reforma. Essa foi a primeira vez que se abriu a famosa "caixa-preta" do Judiciário no país. A partir daí, outros casos de corrupção surgiram em investigações que ganharam destaque, como as operações da Polícia Federal denominadas Anaconda, Furacão, Têmis e Naufrágio.

Diante de tantas irregularidades envolvendo os classistas, foi apresentada a PEC 63/97, que acabava com esses cargos, e outro projeto que obrigava a formação técnica obrigatória para todos os integrantes da Justiça do Trabalho. Os juízes classistas não precisavam ter formação jurídica e funcionavam como um representante dos trabalhadores na Justiça do Trabalho. Porém, o critério para indicação destes nem sempre seguia parâmetros idôneos, e representantes de sindicatos fantasmas acabavam entrando para o Judiciário pela porta dos fundos. Hoje em dia, apenas a Justiça Militar tem na sua

Anos 1940-2000

composição de julgadores pessoas que não têm formação jurídica, mas militares de carreira.

Em 1998, o Congresso Nacional deu início à reforma da Justiça do Trabalho com a EC 20, que atribuiu a ela a competência para cobrar nas execuções as contribuições previdenciárias. Antes elas eram apenas da alçada da Justiça Federal. No final dos anos 1990, e com a ampliação de suas funções, a execução da Justiça trabalhista ficou extremamente morosa. A EC 24/99 também mudou drasticamente a Justiça trabalhista e acabou com os juízes classistas. Ficou estabelecido que eles cumpririam apenas seu mandato, que é de três anos com possibilidade de recondução, e depois estas vagas foram preenchidas por juízes togados. Depois disso, o governo percebeu o quanto a Justiça do Trabalho poderia ser lucrativa. Se antes se falava em extinção da Justiça do Trabalho, o que se sucedeu foi a ampliação de suas atribuições.

O fenômeno da globalização na década de 1990 trouxe para a Justiça do Trabalho o enfrentamento de suas questões mais importantes: a flexibilização das leis trabalhistas e a terceirização. Sempre que o país passa por um momento de crise, os empregadores questionam os direitos assegurados ao trabalhador, alegando que os encargos gerados com o contrato formal, na contratação com registro em carteira de trabalho, inviabilizam a manutenção de empregados e a contratação de novos. Não foi diferente quando o presidente Fernando Collor abriu o país para empresas estrangeiras e privatizou estatais, e seu sucessor Fernando Henrique Cardoso manteve essa política neoliberal.

O avanço da tecnologia, o aumento exponencial da demanda por produtos em um mundo globalizado e a possibilidade de exploração de mão de obra barata em países mais pobres faz com que aumente a

Justiça do Trabalho

concorrência entre as empresas nacionais, que cumprem diversas normas trabalhistas, e as que estão instaladas em países como a China, com nenhuma norma e salários baixíssimos, e que importam produtos para o Brasil. O preço final de um produto chinês sempre será mais barato do que o de um nacional. Para concorrer, empresários brasileiros acreditam que o segredo é reduzir os encargos trabalhistas para assegurar a atividade da empresa e a manutenção dos empregos. Porém, as experiências mexicanas, espanholas e japonesas apontam para uma realidade bem diferente da apresentada. Nestes países, o índice de desemprego permanece alto e os trabalhadores perderam boa parte de seus direitos, o que tornou os ambientes de trabalho ainda mais precários e os salários cada vez mais baixos. E com o desemprego, as empresas podem ofertar salários ainda mais baixos.

A flexibilização das normas trabalhistas vem ocorrendo no Brasil, mas através de acordos coletivos, firmados entre os sindicatos e as empresas. E elas devem ser constitucionais e devem acontecer para beneficiar o trabalhador. É papel da Justiça do Trabalho averiguar, quando provocada, se estes acordos seguem essas premissas.

Dentro da mesma ideia de reduzir custos e aumentar a qualidade de produção, os empregadores descobriram um fenômeno chamado terceirização. O problema é que ela também é tida como mais uma forma de precarização do trabalho. Para quem os trabalhadores devem reivindicar seus direitos, para as empresas que os contrataram ou as que subcontrataram? Somado a essa tendência, muitos juristas acreditam que a legislação trabalhista está atrasada e inadequada para o período em que vivemos. Dessa forma, coube à Justiça do Trabalho regulamentar o que o legislador não quis mexer.

Anos 1940-2000

O Enunciado 331 do TST regulamentou a terceirização para as atividades-meio e proibiu a atividade-fim das empresas. Porém, ainda restam dúvidas, já que nem sempre a descrição da atividade-meio é cristalina. É isso que a Justiça do Trabalho deve fazer diariamente, nos casos em que julga estabelecer normas para evitar a precarização decorrente da terceirização.

Anos 2000

COM A AMPLIAÇÃO DA COMPETÊNCIA DA Justiça do Trabalho dada pela EC 20 para fazer cobranças previdenciárias, o número de processos aumentou, sobrecarregando a área mais frágil da Justiça, a execução. As ações tramitavam de forma rápida na fase de conhecimento, mas cumprir uma decisão demorava e o trabalhador ficava apenas com uma decisão favorável nas mãos, aguardando o oficial de Justiça encontrar o réu, os bens do réu e posteriormente a penhora. E dependendo do caso, aguardando o leilão do bem para só depois receber suas verbas trabalhistas. Esse caminho era tão longo que o empresário tinha tempo o suficiente de sumir com os bens e o que pudesse ser penhorado.

A partir de 2002, a Justiça do Trabalho ganhou um instrumento poderoso que fez com que ela passasse a ser temida pelos empresários: o Bacen Jud. Através de um convênio firmado entre o TST e o Bacen (Banco Central), foi criado um sistema de penhora online. Com o Bacen Jud, os juízes, desembargadores e ministros podem bloquear as contas da empresa na hora em que proferem decisões, para assim garantir o pagamento dos débitos trabalhistas. Com uma senha, a Justiça do Trabalho pode ainda olhar as contas dos empresários para ver se existe algum valor a ser penhorado. Ele permite também checar toda movimentação bancária registrada no Sistema Financeiro Nacional.

Justiça do Trabalho

Para auxiliar os juízes, a Corregedoria da Justiça do Trabalho editou uma portaria na qual explica como o sistema deve ser utilizado. Se antes a penhora e o bloqueio de bens eram a última forma de garantir que o trabalhador recebesse o que lhe era devido, a penhora online foi indicada como a primeira a ser usada, conforme a própria portaria. Ela permitiu também que as empresas que estivessem sofrendo um processo trabalhista indicassem qual conta poderia ser bloqueada. Isso porque as empresas grandes costumam ter muitas contas e sem essa indicação todas são automaticamente bloqueadas. Isso evita que a empresa fique engessada e impossibilitada de continuar funcionando.

O fato é que ela foi feita para evitar fraude nas execuções e dar efetividade para as decisões judiciais. Mas, por ser bastante agressiva, a penhora online é fruto ainda de muitos debates. Alguns especialistas sugerem que ela pode ser inconstitucional, já que pode ser feita antes do trânsito em julgado, o que pode ferir a presunção de inocência e violar a intimidade. Por outro lado, o trabalhador que foi lesado na relação de trabalho pode ser lesado novamente se o empresário sumir com o dinheiro e os bens. Entretanto, a Justiça do Trabalho aplica cada vez mais esse instrumento. Segundo dados do TST, em 2002 foram feitos mais de 42 mil pedidos de bloqueio através do Bacen Jud. No ano seguinte foram mais de 257 mil. Com a aplicação dessa medida, as empresas passaram a temê-la, dando mais credibilidade para os processos trabalhistas.

No mesmo ano da criação do Bacen Jud, outro fato mexeu bastante com o país: a eleição de Luiz Inácio Lula da Silva para a Presidência da República. Lula assumiu o governo em 2003 e foi depois reeleito para mais quatro anos de governo. Sua aprovação foi uma das mais altas da história do país. Essa foi a primeira vez que um operário metalúrgico e

Anos 1940-2000

líder sindical assumiu o mais alto cargo do país. Antes o Brasil teve presidentes da elite da sociedade. A eleição de Lula trouxe uma identificação com boa parte da população. Sua chegada ao poder mostra também como sua função de líder sindical nas greves do final dos anos 1970 e começo dos 80 apareceram para o país. Ele concorreu com Collor e perdeu, concorreu com Fernando Henrique Cardoso e perdeu, mas depois de tantas tentativas venceu. Também nos anos 2000, Collor voltou para a política. Ele foi eleito senador pelo estado de Alagoas.

Também nesta década, outra modificação ampliou a competência da Justiça do Trabalho. A EC 45/04, conhecida como a reforma do Judiciário, trouxe profundas modificações para a Justiça e ampliou significativamente as competências da Justiça do Trabalho. Ela estebeleceu como princípio constitucional a devida duração do processo, ou seja, determinou que um processo deve tramitar de forma célere. Ela também criou o CNJ, órgão de controle externo do Poder Judiciário e o CNMP (Conselho Nacional do Ministério Público), também para controle externo do Ministério Público. Após 13 anos de longos debates no Congresso Nacional, a EC 45 modificou ainda o critério para ingresso na magistratura e no Ministério Público. Estabeleceu a exigência de comprovação de três anos de experiência na atividade jurídica para qualquer uma das carreiras.

Antes, a Justiça do Trabalho julgava apenas os conflitos das relações de empregado e empregador. Mas com a promulgação da EC 45/04, ela passou a julgar todos os litígios das relações de trabalho, ou seja, tudo que estivesse direta ou indiretamente na relação de trabalho e sem necessidade de subordinação. Dessa forma, conflitos de prestadores de serviço, antes considerados autônomos, passaram a tramitar na Justiça do Trabalho. Ela também estebeleceu que todas as

Justiça do Trabalho

ações que discutissem o direito de greve também seriam da Justiça do Trabalho, o que acabou com a dúvida, já que antes, dependendo da natureza da ação, poderia ir para a Justiça comum.

A Justiça do Trabalho também se tornou competente para processar e julgar as questões que tratassem de conflitos entre sindicalizados, sindicatos e empresas. Dessa forma, qualquer ação que envolva um sindicato é julgada nesta Justiça especial. A EC também passou para a Justiça do Trabalho a competência para julgar as ações que tratam de indenização por dano moral e patrimonial decorrentes das relações de trabalho. Esta última foi polêmica e causou grande debate no STF, que a princípio julgou que essas ações competiam à Justiça comum, mas depois voltou atrás e remeteu essas ações para a Justiça do Trabalho.

As ações que questionavam as punições impostas por órgãos de fiscalização das relações de trabalho também passaram para a Justiça do Trabalho. E a EC 45 também alterou questões ligadas aos dissídios coletivos, que só podem ser ajuizados pelos sindicatos, e de comum acordo. E em caso de greve em serviço essencial, o Ministério Público do Trabalho também poderá ajuizar ação com dissídio coletivo. Como a ideia original da EC era ampliar o acesso à Justiça, ela estabeleceu também a Justiça itinerante e a criação de novas varas para atender o cidadão em regiões afastadas. Somente pela Lei 10.770, foram criadas 269 novas varas da Justiça do Trabalho. A lei foi iniciativa do TST dado o aumento do número de processos trabalhistas.

A nova norma também criou o CSJT (Conselho Superior da Justiça do Trabalho), com atribuição para cuidar dos assuntos relativos à supervisão administrativa, orçamentária, financeira e patrimonial de toda a Justiça do Trabalho. Ele é composto pelo presidente e vice-presidente

Anos 1940-2000

do TST, o corregedor-geral da Justiça do Trabalho, mais três ministros do TST e cinco juízes dos TRTs, representantes das cinco regiões do país. Na mesma ocasião, foi criada também a Escola Nacional de Formação e Aperfeiçoamento dos Magistrados do Trabalho, que é responsável por estebelecer critérios para a seleção de novos juízes do Trabalho. Além de promover cursos oficiais para pessoas que queiram ingressar na magistratura e promoção na carreira.

Com o fim dos juízes classistas, muitas vagas foram fechadas em alguns tribunais, inclusive no TST. Após a promulgação da EC 45, o TST voltou a ter 27 ministros, escolhidos entre brasileiros, com mais de 35 anos e menos de 65 anos, sabatinados pelo Senado Federal e nomeados pelo presidente da República. Também compõem o tribunal advogados e integrantes do Ministério Público oriundos do Quinto Constitucional.

A exigência constitucional de celeridade fez com que a Justiça buscasse formas de burlar a burocracia e morosidade. A saída encontrada pelos gestores do Conselho Nacional de Justiça foi a informatização do processo e dos tribunais. Antes, os volumes de papel caminhavam fisicamente de um lugar para o outro, o que demorava muito, sem contar o risco de pedaços deles se perderem no caminho. Se alguma das partes quisesse consultar o processo, teria que se encaminhar para a vara ou tribunal, solicitar o volume correto no balcão para o servidor ir buscar. Com os juízes era a mesma coisa.

A maioria dos especialistas em gestão acredita que a Justiça deixará de ser morosa quando estiver completamente informatizada, e para isso o CNJ editou resolução nesse sentido e incluiu nas metas anuais da Justiça a infomatização, ou como também é conhecido, o processo eletrônico. Os primeiros a se informatizarem foram os

Tribunais Superiores. Lá não é possível fazer uma petição em papel, apenas eletronicamente pelo site do tribunal. Aos poucos, os órgãos têm se informatizado, mas a principal reclamação é a falta de recursos para isso, seja de mão de obra especializada, ou de material.

Ainda em 2004, o TST começou a colocar em prática a informatização da Justiça do Trabalho. O objetivo era unir através de um único sistema integrado as mais de mil varas, os TRTs e o TST. A Justiça do Trabalho foi a que mais avançou na informatização, tanto que tem apresentado sua experiência para países estrangeiros. As mudanças sofridas no Judiciário afetam como um todo os que atuam junto a ela. É o caso dos advogados, que não sobreviveriam se não tivessem se adaptado informatizando também seus escritórios. Nenhum advogado conseguirá peticionar na Justiça do Trabalho sem um computador e uma assinatura digital. Quando ele chegar ao tribunal com uma petição em papel, ela será digitalizada.

A Lei 11.419/06, que regulamentou a informatização do processo judicial, determina a aplicação da informatização, mas a mentalidade dos operadores do direito também serve de empecilho para essa nova realidade. Muitos juízes são contra os sistemas, que impôs outro ritmo de trabalho, mais célere. Ele não precisa aguardar o processo chegar do estoque para julgar, o processo não fica parado aguardando um carimbo e não precisa esperar ele retornar ao tribunal. Se para alguns isso é uma desvantagem porque oferece menos tempo para analisar cada caso, outros acreditam que há mais tempo para o juiz se dedicar ao processo.

A Justiça do Trabalho tem novos desafios pela frente, como uniformizar o sistema de peticionamento eletrônico para garantir padrão de qualidade. E além de questões estruturais, ela precisa lidar

Anos 1940-2000

com as novas relações de trabalho – como o teletrabalho, o sócio--empregado –, com o assédio moral e a invasão de privacidade no ambiente de trabalho. Ainda não há entedimento consolidado sobre estes temas e a Justiça deverá analisar caso a caso.

Parte II

O cotidiano da Justiça do Trabalho

William Maia e Thassio Borges

A demanda da Justiça do Trabalho

Cenário: Rio de Janeiro, ainda capital do país, estádio de São Januário, auge do Estado Novo. "A Justiça do Trabalho, que declaro instalada neste histórico Primeiro de Maio, tem essa missão. Cumpre-lhe defender de todos os perigos nossa modelar legislação social-trabalhista, aprimorá-la pela jurisprudência coerente e pela retidão e firmeza das sentenças. Da nova magistratura outra coisa não esperam governo, empregados e empregadores."

Quando o presidente Getúlio Vargas disse essas palavras no discurso à multidão que acompanhava as comemorações do Dia do Trabalho de 1941, dificilmente imaginava que aquele sistema judicial embrionário, ainda ligado ao Poder Executivo e sem uma estruturação nacional, se tornaria o mais procurado pelos brasileiros.

Seu objetivo, na verdade, era pacificar as tensões entre capital e trabalhador, que, mesmo sob a repressão do Estado Novo, volta e meia insurgia-se por meio de greves e locautes patronais. A ideia inicial era que as Comissões Mistas de Julgamento, as Juntas de Conciliação e Julgamento e os Conselhos Regionais do Trabalho – que mais tarde seriam transformados em Varas do Trabalho e Tribunais Regionais do Trabalho –, atuassem na mediação as Comissões Mistas de Conciliação e as Juntas de Conciliação e Julgamento, atuassem na mediação de acordos, justamente para evitar levantes populares que colocassem em risco o projeto de desenvolvimento nacional do governo varguista, que possuía inspiração em outros regimes autoritários, como a Itália de Mussolini.

Setenta anos passaram-se, no entanto, e os fóruns trabalhistas consolidaram-se como o principal meio para solução dos conflitos entre patrões e empregados no Brasil. Os problemas nas relações de trabalho se tornaram, dessa forma, a principal fonte de demandas levadas à Justiça pela população comum. A pesquisa "Características de Vitimização e do Acesso à Justiça no Brasil", feita pelo IBGE (Instituto Brasileiro de Geografia e Estatística), com base em dados da Pnad (Pesquisa Nacional por Amostra de Domicílios), realizada em 2009, mostrou que essa é a realidade quando se trata da judicialização iniciada por pessoas físicas. De acordo com o estudo, dos 12,6 milhões de entrevistados que estiveram em situação de conflito nos últimos cinco anos, 23,3% (aproximadamente 3 milhões de pessoas) procuraram a Justiça do Trabalho para solucionar problemas em relações de emprego ou trabalho. Ao lado do direito de família (22%), as demandas trabalhistas lideram com folga sobre as demais áreas do direito, como a criminal (12,6%) e a previdenciária (8,6%).

TABELA 1 – Fontes de conflito

NATUREZA DO CONFLITO	PERCENTUAL
Trabalhista	23,3%
Família	22,0%
Criminal	12,6%
Outra	10,4%
Serviços de água, luz e telefone	9,7%
Previdenciário	8,6%
Bancos ou inst. financeiras	7,4%

Fonte: IBGE, Diretoria de Pesquisas, Coordenação de Trabalho e Rendimento, Pesquisa Nacional por Amostra de Domicílios 2009

O cotidiano da Justiça do Trabalho

Nos estados e regiões mais desenvolvidas, especialmente do sul e do sudeste, o predomínio das causas trabalhistas no bolo da judicialização é ainda maior: 24,8% e 23,5%, respectivamente. Segundo a pesquisa, quanto maior o nível de instrução da pessoa, maior a probabilidade de ter uma situação de conflito e tentar resolvê-la no Judiciário.

O levantamento se refere apenas aos processos iniciados por pessoas físicas, não entrando no cálculo, portanto, as ações propostas por empresas ou pelo Poder Público – que, inegavelmente, concentram a maior parte dos processos no Judiciário –, mas instiga uma pergunta: o que faz as pessoas procurarem mais a Justiça do Trabalho do que as demais? É um sinal de que os conflitos trabalhistas aumentaram? É um reflexo da confiança que a população deposita nos juízes laborais?

Anualmente, as 1.378 Varas do Trabalho (1ª instância), os 24 TRTs e o TST recebem cerca de 3 milhões de processos, distribuídos a pouco mais de 3.200 magistrados, segundo informações do sistema Justiça em Números, do CNJ. É praticamente o mesmo número de processos que se arrastam na fase de execução. É nessa fase, quando não há mais possibilidade de recursos contra a decisão de mérito, que o trabalhador efetivamente recebe os valores reconhecidos pela Justiça.

A execução dos processos, por sinal, é o principal gargalo da Justiça do Trabalho na atualidade, o que, nas palavras do atual presidente do TST, ministro João Oreste Dalazen, coloca em xeque a eficácia e a confiança no sistema judicial trabalhista. Mas falaremos mais sobre esse problema nos próximos capítulos. O objetivo aqui é buscar entender os motivos que fazem a Justiça do Trabalho ser tão "atraente".

Justiça do Trabalho

A princípio, é possível apontar dois fatores preponderantes: o baixo custo para o início de uma ação trabalhista e o caráter protecionista da legislação do trabalho, que costuma ser acompanhado pela jurisprudência dos tribunais. Hoje, o trabalhador que pretende iniciar um processo contra seu empregador praticamente não precisa colocar a mão no bolso, nem mesmo para contratar um advogado. Os honorários da defesa costumam ser fixados em um percentual do valor final a ser recebido pelo autor.

Existe, também – e esta é uma das principais críticas de empresários à Justiça do Trabalho atualmente –, a crença de que os juízes do trabalho tendem a defender mais o empregado, por considerá-lo a parte mais frágil da relação de trabalho, o que aumentaria as chances de vitória no fim do processo.

Outro fator que contribui para aumentar a litigiosidade são as deficiências na fiscalização prévia de irregularidades nas empresas. Tanto o Ministério Público do Trabalho quanto associações de auditores do Ministério do Trabalho e Emprego alegam falta de estrutura e de pessoal para tornar as fiscalizações mais efetivas. No caso dos auditores, o pequeno contingente de fiscais – menos de 3 mil no total, sendo que um terço se dedica a atividades administrativas – não consegue chegar a todas as empresas e também demora muito a voltar a um estabelecimento fiscalizado para checar se a situação foi regularizada.

"Muita coisa poderia ser resolvida pela Fiscalização do Trabalho, pois os auditores fiscais do trabalho vão a campo, dentro das empresas, e verificam tudo. Mas não conseguem chegar a todas as empresas e o que não é resolvido administrativamente vai parar na Justiça do Trabalho. É tudo interligado", afirma Rosângela Rassy, presidente do Sinait (Sindicato

O cotidiano da Justiça do Trabalho

Nacional dos Auditores Fiscais do Trabalho), que afirma ter denunciado a questão à OIT (Organização Internacional do Trabalho).

Demanda crescente

Esses são os principais fatores apontados por especialistas, juntamente com a maior rapidez em comparação com os demais ramos da Justiça (falaremos sobre o assunto mais adiante), para o fato de a população depositar uma confiança maior nas cortes laborais.

Essa realidade pode ser confirmada quando avaliamos a evolução do número de processos na Justiça do Trabalho. A demanda é invariavelmente crescente: entre 2004 e 2008, o número de novos processos na primeira instância passou de 2,6 milhões para 3,1 milhões, um aumento de 19%, de acordo com dados do Conselho Nacional de Justiça. Na segunda instância, o crescimento no mesmo período foi de 26%.

Os números seguem a tendência de aumento da quantidade de processos no Judiciário como um todo nos últimos anos. Apenas como grau de comparação, na Justiça comum, que engloba uma gama de temas muito maior do que a trabalhista, o crescimento processual foi de 23% no primeiro grau e 52 % no segundo, sem contabilizar os juizados especiais.

O aumento do número de processos acaba sendo acompanhado pelo crescimento do número de magistrados e nas despesas gerais de funcionamento da Justiça. Entre 2004 e 2008, o orçamento total da Justiça do Trabalho passou de R$ 6,4 bilhões para R$ 9,2 bilhões; de 0,28 para 0,32% do PIB brasileiro.

Mais de 90% desse orçamento é gasto com o pagamento de pessoal. O número de magistrados passou de 2.600 para quase 3.200 em quatro anos. A despesa por habitante, por sua vez, passou de R$ 29,55 para R$ 48,83.

Insegurança jurídica

Para a desembargadora aposentada do TRT-2 (Tribunal Regional do Trabalho da 2ª Região – São Paulo), Vânia Paranhos, o crescimento da judicialização é fruto do aumento do acesso à Justiça por cidadãos mais conscientes. "Quando o cidadão procura a Justiça do Trabalho, ele tem consciência dos seus direitos. Conhecer o seu direito e reivindicá-lo é muito positivo para a melhora da cidadania. Evidentemente que o número de processos é um problema. Hoje, temos a maioria dos juízes e desembargadores empenhada em julgar o maior número de processos possível e os tribunais superiores têm insistido nisso".

A magistrada destaca que foi na Justiça Trabalhista que surgiu a cultura da conciliação, apontada como a solução para reduzir as pilhas de processos que abarrotam fóruns de todo o país.

Entretanto, na opinião do jurista Almir Pazzianotto, ex-presidente do TST e ex-ministro do Trabalho do governo José Sarney, a crescente litigiosidade na Justiça do Trabalho vai contra o ideal de conciliação pretendido por Getúlio Vargas com a criação da CLT, e reflete o enfraquecimento da representatividade dos sindicatos.

"O melhor argumento contra a ideia de que essa sobrecarga de processos, essa litigiosidade intensa, é uma coisa boa para a cidadania é o fato de que o processo demora", afirma o ex-ministro. "O que a

O cotidiano da Justiça do Trabalho

CLT almejou foi uma audiência de conciliação que resolveria o problema, não um processo que se arrasta por anos e anos. O atulhamento do Judiciário Trabalhista não é uma vaga ideia, é uma realidade que exige a todo momento um maior número de juízes, um maior número de tribunais, um maior número de prédios, um maior número de funcionários, sem se resolver o problema da morosidade".

Pazzianoto, que foi advogado do Sindicato dos Metalúrgicos do ABC durante as históricas greves dos anos 1970 e 1980, afirma que os trabalhadores recorrem mais à Justiça porque houve um processo de distanciamento e elitização das representações sindicais. "Para que existem os sindicatos? Para levar tudo à Justiça do Trabalho na forma de processo? Não. O sindicato existe para atuar no interior das empresas a fim de evitar, tanto quanto possível, a ação judicial".

Vânia Paranhos, por outro lado, não acredita que as leis e a Justiça do Trabalho sejam um fator que incentiva o conflito: "*Data venia*, eu discordo do ministro. A Justiça do Trabalho está empenhada na conciliação. Quantas semanas de conciliação foram feitas na Justiça do Trabalho ultimamente?", questiona.

Para ela, o aumento da demanda decorre do grande número de empresas que desrespeitam as normas e suprimem direitos do trabalhador. "Por que temos tantos processos assim? Não é porque há enfraquecimento dos sindicatos, mas sim porque é muito difícil ter uma empresa que cumpra toda a legislação trabalhista e cumpra a lei corretamente. Vejo essa alta procura como algo positivo. Sobre os sindicatos, até hoje temos sindicatos muito fortes no ABC, por exemplo. Isso depende da luta da direção pelos direitos dos trabalhadores e há sindicatos bastante atuantes".

A desembargadora aposentada também contesta a afirmação de que a Justiça do Trabalho é tendenciosa a favor do trabalhador. "Isso não existe mais. Há um tempo você até poderia dizer que o trabalhador seria a parte mais fraca e que ele teria maior proteção, mas não via isso no tribunal. Nós julgávamos em igualdade de condição". Segundo a magistrada, o número de pedidos julgados improcedentes também é grande. "Não existe mais essa questão de ponto mais fraco, parte mais débil da relação. Há igualdade. Não vejo esse excesso de proteção para o trabalhador".

Almir Pazzianotto afirma, porém, que a culpa pelo famigerado protecionismo da Justiça do Trabalho não é de juízes e desembargadores. "Não é ela quem diz [que o empregado é a parte mais frágil da relação de trabalho], é a lei. A lei se baseia no princípio falso de que todo trabalhador é relativamente incapaz. O sujeito pode ser um gênio, mas, se tiver carteira assinada, para os efeitos da lei é relativamente incapaz".

O jurista defende uma reforma da legislação trabalhista que reduza o número de processos e aumente a segurança jurídica para o empreendedor. "O grande fator de multiplicação de processos não é a tomada de consciência do trabalhador, é a insegurança jurídica".

Para ele, precisam ser combatidos dois fatores que estimulam a litigiosidade: o processo gratuito, que, segundo ele, "é caríssimo, mas o assalariado ajuíza sem riscos, de graça. Às vezes diretores de empresa ajuízam ações trabalhistas e pedem justiça gratuita"; e a amplitude da causa de pedir, confrome afirma: "às vezes, o advogado alinha 20 pedidos na petição inicial, na expectativa de que dois ou três venham a ser julgados procedentes".

O cotidiano da Justiça do Trabalho

"O que impede o empregado demitido, que recebeu tudo a que tinha direito, de abrir processo, não obstante tenha dado ao empregador o recibo de quitação? Nada. O empregador terá a despesa, pelo menos, para contratar advogado e ir à audiência. Ainda que seja para demonstrar que não deve nada", afirma Pazzianotto. "O sistema jurídico ideal é aquele que dá segurança. O direito não existe para fazer justiça – se possível, para fazer justiça –, mas, sobretudo, para garantir segurança. A lei que não oferece segurança, não cumpre o seu papel."

O jurista admite, porém, que a Justiça Trabalho teve importante papel na evolução das relações laborais no Brasil. "Sem ela, a situação, obviamente teria sido muito pior, porque ela de alguma forma exerceu um papel educativo. Quando eu comecei a advogar, em São Paulo, há 50 anos atrás, o clima nas empresas era, em geral, de opressão. As empresas ainda não tinham aprendido a reconhecer a importância do trabalho humano".

Julgamento dos processos

ALÉM DE SER A MAIS PROCURADA PELO CIDADÃO COMUM – e talvez essa seja uma das causas dessa procura –, a Justiça do Trabalho é reconhecida também como o mais rápido dos ramos do Judiciário brasileiro, quando comparada às Justiças estadual e federal. Essa celeridade tem sido demonstrada nos últimos anos, tanto nos relatórios de desempenho do Judiciário elaborados pelo CNJ, quanto pelo cumprimento das metas de julgamento de processos antigos estabelecidas pelo órgão de controle externo.

Entre 2009 e 2010, praticamente todos os objetivos traçados pelo CNJ foram cumpridos pelas cortes trabalhistas, e aqueles sobre os quais não se atingiu 100% continuam em andamento, com uma porcentagem sempre à frente dos demais tribunais.

Em 2009, de cada 100 processos em tramitação na Justiça do Trabalho, 51 foram decididos. Segundo informações da edição da pesquisa Justiça em Números, divulgada em 2009, também produzida pelo CNJ, a Justiça trabalhista é aquela que possui a menor taxa de congestionamento do Judiciário. Esse índice é calculado a partir do cruzamento entre o estoque de processos antigos, os casos novos ajuizados e o número total de julgados durante o ano.

Nessa análise, a taxa de congestionamento na Justiça do Trabalho ficou em 49% em 2009, mantendo um nível de estabilidade em comparação com os anos anteriores. Ou seja, mais da metade dos processos

Justiça do Trabalho

trabalhistas são julgados no mesmo ano em que o empregado recorre ao Judiciário. Já na Justiça comum estadual, o índice de entulhamento de fóruns e tribunais foi de 73%, acima da taxa nacional: 71%.

Tabela 2 – Evolução processual (Casos novos entre 2004 e 2008)

	JUSTIÇA DO TRABALHO		%	JUSTIÇA COMUM		%
	2004	2008		2004	2008	
1º Grau	2.609.65	3.196.223	19%	9.607.571	12.250.758	23%
2º Grau	486.983	659.151	26%	877.519	1.864.008	52%

Fonte: Conselho Nacional de Justiça – Relatório Justiça Em Números– Série Histórica (2004-2008).

O objetivo deste capítulo, portanto, é analisar as causas que contribuem para esse desempenho positivo da Justiça do Trabalho. Quais são as peculiaridades que fazem juízes e tribunais trabalhistas julgarem mais rapidamente?

A resposta poderia ser resumida em dois fatores: mais recursos, menos processos. Contudo, seria injusto simplificar a questão a esse ponto, por isso vamos falar também das vantagens estruturais do Judiciário trabalhista.

Um primeiro aspecto que diferencia a Justiça do Trabalho das demais é a integração. Enquanto na Justiça comum há muita disparidade entre os tribunais estaduais – que possuem autonomia administrativa e funcional praticamente completa na Justiça do Trabalho –, os TRTs e Varas do Trabalho seguem um padrão federal que permite maior troca de informações e conhecimentos. "Os tribunais falam a mesma linguagem, há muita troca de experiências. Na Justiça estadual você tem tribunais muito díspares, uns em

O cotidiano da Justiça do Trabalho

relação aos outros. Algumas varas na Justiça comum não têm a menor estrutura de trabalho, de organização, de rotina. Então, o fato da Justiça do Trabalho ser federal faz com que ela seja mais uniforme e de maior excelência", observou o ministro Ives Gandra Filho, que representou o Tribunal Superior do Trabalho no CNJ durante os últimos dois anos.

Nos últimos anos, os TRTs passaram a utilizar sistemas interligados de gestão administrativa e financeira e também tiveram um aumento das verbas destinadas ao custeio e investimento em tecnologia, como veremos mais adiante. Ainda assim, a maior parte do orçamento da Justiça do Trabalho continua engessado ao pagamento de pessoal, mais precisamente 95,1%.

Isso não impediu, porém, que houvesse um uso mais racional das dotações orçamentárias, seja para aumentar o controle sobre o uso de carros oficiais, seja para planejar a construção de novas varas trabalhistas. Atendendo às novas exigências do CNJ, os tribunais do trabalho criaram núcleos de planejamento estratégico e grupos de gestão ambiental e documental, que atuam na digitalização dos processos antigos, seguindo o exemplo do STJ (Superior Tribunal de Justiça).

Além disso, há de se destacar o aumento do número total de magistrados, que cresceu de 2.600 em 2004 para 3.200 em 2009. A relação do número de juízes trabalhistas por 100 mil habitantes passou de 1,4 para 1,7 no mesmo período.

A Justiça do Trabalho é, também, aquela que mais valoriza o funcionário público efetivo. Do total de servidores trabalhistas, 72% são concursados efetivos, enquanto no restante do Judiciário, esse índice é de 62% na Justiça estadual e 56% na Justiça Federal.

Desempenho relativo

Apesar da melhora estrutural evidente, o juiz auxiliar da presidência do CNJ, Antonio Carlos Alves Braga Jr., pondera, no entanto, que é preciso relativizar os resultados da Justiça do Trabalho para não cometer injustiças com os demais ramos do Judiciário; caso da Justiça estadual, "que está com 70% dos processos do Brasil", em suas palavras.

Braga Jr. alerta para a quantidade menor de processos e maior recepção de recursos pelas Justiças especializadas federais. "O orçamento federal é muito maior que o orçamento dos Estados. Os salários dos funcionários do setor federal são muito superiores, os orçamentos para prédios, informatização, cursos, tudo é muito melhor nessas Justiças especializadas – e isso faz com que sejam muito mais bem implantadas no país", observou.

De fato, se analisarmos os números do CNJ, fica evidente a diferença entre a carga processual na Justiça trabalhista com a Justiça comum. Em 2009, o judiciário estadual recebeu cerca de 19 milhões de casos novos, enquanto as Justiças federal e trabalhista tiveram aproximadamente 3 milhões de novos processos ajuizados. Quando dividimos a demanda processual pelo número de magistrados, verificamos que os juízes trabalhistas precisam lidar com menos processos que seus colegas da Justiça comum. Na verdade, até três vezes menos.

No fim de 2009, enquanto cada juiz trabalhista de primeiro grau cuidava, em média, de 2.390 processos, seu congênere da Justiça comum tinha 6.844 casos sob sua responsabilidade. Na 2ª instância, a relação é semelhante, 1.715 e 2.180, respectivamente.

O cotidiano da Justiça do Trabalho

No caso dos processos de execução, o principal gargalo do Judiciário brasileiro, enquanto a Justiça do Trabalho recebeu 752.020 novos casos de execução em primeiro grau, para um total de 3.197 magistrados administrarem, a Justiça estadual recebeu no mesmo período 4.972.101 novos casos para 11.361 magistrados. Ou seja, a Justiça estadual recebeu praticamente o dobro de processos para cada magistrado julgar.

Tabela 4 – Taxa de congestionamento – 2009

	JUSTIÇA DO TRABALHO			%	JUSTIÇA COMUM			%
	Processos Baixados	Casos Novos	Casos Pendentes		Processos Baixados	Casos Novos	Casos Pendentes	
1º Grau	1.981.185	2.128.545	1.037.567	37,4%	8.133.575	7.605.092	16.957.727	67,2%
2º Grau	542.225	538.559	228.244	28,2%	1.532.980	1.786.222	1.308.335	50,5%

Fonte: Conselho Nacional de Justiça – Relatório Justiça em números

Braga Jr. também tem razão no que diz respeito à vantagem orçamentária do Judiciário trabalhista. Em 2009, as despesas totais da Justiça do Trabalho – que teve orçamento de R$ 10,1 bilhões (0,32% do PIB) –, divididas pelo número de processos, revelam um gasto de R$ 2.971 para cada caso. Na Justiça estadual, que teve orçamento de R$ 21 bilhões (0,67% do PIB), o mesmo cálculo resulta em um gasto médio de R$ 1.124 por processo. Ou seja, é possível dizer que a Justiça do Trabalho dispõe de quase o triplo de recursos financeiros para lidar com cada processo, se comparadq com a Justiça comum.

Justiça do Trabalho

Tabela 5 – Execução (Processos por magistrado, 2009)

JUSTIÇA DO TRABALHO		JUSTIÇA COMUM	
Casos Novos	Casos por magistrado	Casos Novos	Casos por magistrado
4.972.101	11.361	752.020	3.197

Fonte: Conselho Nacional de Justiça – Relatório Justiça em números

Há ainda a questão da capilaridade da Justiça trabalhista. Atualmente existem 1.596 Varas do Trabalho em todo o país. Portanto, nem todos os 5.560 municípios estão servidos pelo sistema judicial laboral. Nos locais onde não há vara trabalhista próxima, a Constituição demanda que os processos envolvendo relações de trabalho sejam iniciados na Justiça comum, que já tem de lidar com os processos cíveis e criminais.

Metas

A cada ano, o número de processos aumenta, fazendo com que o estoque dos que não foram julgados cresça mais e mais, aumentando a temida lentidão que acomete o Judiciário e é o principal motivo de críticas por parte da população. Para incentivar os tribunais a enfrentar o problema dos estoques processuais, a Meta 2 estabelecida pelo CNJ previa a adoção de medidas concretas para o julgamento de todos os casos distribuídos até 31/12/2005 (em primeiro, segundo grau ou tribunais superiores). Até o final de 2010, a Justiça do Trabalho havia cumprido mais de 95% da meta; já o panorama nacional beirava ainda os 74,19%.

No TST, por exemplo, foi revertida a tendência do recebimento de um número maior de processos do que o total de casos

O cotidiano da Justiça do Trabalho

julgados no mesmo ano, também falando em dados referentes a 2009. Naquele período, a Corte superior julgou um total de 265.842 processos, o que representa um recorde desde sua criação e um crescimento de 19% do índice de produtividade em relação a 2008. Isso levou a uma redução do estoque de processos, de 206 mil casos pendentes para 178 mil.

Ainda assim, apesar dos bons resultados, o conselheiro Antonio Braga Jr. alerta que os números devem ser relativizados e até mesmo a natureza do processo em julgamento pode influenciar o alcance ou não da meta. "Quando o Judiciário coloca como meta julgar os processos antigos, tem que se ver dois fatores: um é a sua própria organização interna, um esforço da magistratura de julgar mais. Mas tem um outro aspecto: mesmo que se queira, uma série de processos não estão em condições de serem julgados, ainda não chegaram na fase de julgamento. Ou seja, mesmo que se queira, não é possível – está tramitando recurso, ainda tem prova para fazer, tem uma perícia, uma audiência para ouvir testemunhas, ou está em uma dessas infinitas etapas de andamento", disse Braga Jr.

"Na Justiça especializada [Trabalho e Federal], o número de procedimentos é mais definido, mais reduzido". De acordo com o juiz do CNJ, o fato da Justiça estadual trabalhar com "uma variedade infinita de processos" dificulta o trabalho, pois esse é "o campo mais amplo de possibilidades de recursos, embargos, ou seja, de questionamento das decisões, de levar infinitas hipóteses de sobe para um tribunal, desce para um tribunal, vai para o superior e desce... enfim, tudo é infinitamente mais alargado, o que faz com que a tramitação se estenda por mais anos", explicou o juiz.

Justiça do Trabalho

Informatização: menos é mais

Um computador por usuário. Esse número pode parecer pequeno, mas no Judiciário brasileiro significa muito. A Justiça do Trabalho é a única que possui um computador para cada funcionário, segundo o relatório do CNJ; a Justiça estadual possui um déficit considerável em termos de equipamentos eletrônicos e a Federal também, ainda que em menor escala.

O processo de informatização começou não faz muito tempo e o período de adaptação deve levar pelo menos mais uma década para ser concluído. "Não é fácil você pôr um avião do tamanho que é o Judiciário inteiro ou um tribunal inteiro no processo eletrônico. Aqui no TST foram identificados, depois de se fazer a primeira tentativa de colocar tudo no processo eletrônico, pelo menos 200 tipos diferentes de problemas que o sistema gerou", relatou o ministro Ives Gandra.

Segundo o ministro, os problemas variavam entre a má digitalização de peças ("chegava o processo aqui e estavam faltando dados") e erros na classificação e nomeação de arquivos; além disso, o processo agora é recebido como uma imagem e não é possível fazer alterações ou anotações. "Não é fácil. Não dá pra fazer [essa mudança] da noite para o dia. O ideal é ir fazendo paulatinamente; o fato de querer fazer tudo de uma vez, de uma hora pra outra, deu todos esses problemas que nós temos agora", pontuou.

A informatização, porém, depende de outros fatores além de equipamentos e funcionários capacitados: é preciso que as pessoas e os órgãos que atuam junto ao Poder Judiciário, como, por exemplo, advogados e Ministério Público, também estejam preparados para utilizar a estrutura de sistemas eletrônicos.

O cotidiano da Justiça do Trabalho

O juiz auxiliar Braga Jr. concorda que a informatização não depende apenas da Justiça. "Não tem como o Judiciário ser plenamente informatizado, sendo uma ilha de informatização", observou. "Eu dependo de que todos os órgãos com os quais eu me comunico também estejam, primeiro num patamar equivalente de informatização, segundo com sistemas compatíveis, caso contrário eu sempre me vejo forçado a fazer uso dos mecanismos tradicionais. De encaminhar um ofício em papel, usar uma correspondência tradicional, ou ter dificuldades na migração de dados", afirmou.

Apesar da ampla disponibilidade de equipamentos de informática para servidores e magistrados, a Justiça do Trabalho ainda patina quando o assunto é processo virtual. No relatório do sistema Justiça em Números de 2009, o CNJ alertou para o "baixo índice de resposta" do indicador de virtualização processual na Justiça do Trabalho, o que indica "o lento início da adoção do processo eletrônico na esfera trabalhista".

Segundo o relatório, apenas cinco Tribunais Regionais do Trabalho informaram os quantitativos de casos novos eletrônicos (9ª, 11ª, 12ª, 13ª e 18ª Regiões), com percentuais variando de 0,7% (9ª Região) a 81% (11ª Região). Já na Justiça Federal, por exemplo, o TRF-1 (Tribunal Regional Federal da 1ª Região) alcançou o percentual de 97,4% de virtualização de processos na 1ª instância.

Antonio Braga Jr. fez questão de afirmar, porém, que a informatização não é a solução de todos os problemas do Judiciário. "É simplesmente o meio de trabalhar. É lógico que nós agregamos os benefícios de tecnologia, velocidade de trânsito da informação, mas isso, por si só, não resolve".

O juiz auxiliar do CNJ avalia que existe um certo "fetiche" quando do se fala em virtualização no Judiciário atualmente. "Hoje, acha-se

Justiça do Trabalho

que a digitalização vai resolver o problema, que o processo vai acabar espontaneamente. E não é verdade. Uma informatização mal implantada ou parcialmente implantada pode até complicar o trabalho". E Braga ainda recomenda: "é necessário muita cautela nessa migração, muito estudo, muito aprofundamento no desenvolvimento do processo eletrônico, porque um processo eletrônico não bem desenvolvido pode até arrebentar a estrutura de um tribunal".

A execução das sentenças

COMO VIMOS NOS CAPÍTULOS ANTERIORES, a Justiça do Trabalho se tornou nos últimos anos a mais procurada pelos brasileiros e passou a ser reconhecida oficialmente como o mais rápido entre os ramos do Poder Judiciário. Isso se deveu a diversos fatores. De um lado, o aumento da confiança e da conscientização da população sobre seus direitos, o baixo risco para o ingresso de ações trabalhistas e o enfraquecimento do papel de representação dos sindicatos; de outro, a menor carga de processos, o maior volume de recursos orçamentários e a estrutura federalizada, que permite um planejamento nacional para tribunais e varas do trabalho.

Mas nem tudo são flores na Justiça Trabalhista. Se seu desempenho a destaca em relação às Justiças comum e federal, como relembrado acima, por outro lado ela não escapa do principal mal do Judiciário brasileiro na atualidade: a lentidão na fase de execução dos processos.

Em um levantamento divulgado recentemente, o próprio TST reconheceu o problema: de cada 10 trabalhadores que ganham uma ação, somente três conseguem receber os valores devidamente reconhecidos pela decisão judicial. Isso significa que, apesar de julgar mais rapidamente, a Justiça do Trabalho não consegue finalizar a maior parte dos processos julgados. É o famoso "ganha, mas não leva".

Essa não é uma peculiaridade da Justiça Trabalhista. A execução é a fase processual que concentra o maior número de processos pendentes no Judiciário, cerca de 25 milhões no total. Enquanto a taxa de congestionamento geral da Justiça do Trabalho ficou em 49% em 2009 – ou seja, mais da metade dos processos em tramitação foram baixados –, na fase de execução esse índice foi de 66,9% (em 2010 essa taxa subiu para 69%, de acordo com o TST), segundo dados do sistema Justiça em Números do CNJ.

Para o presidente do TST, ministro João Oreste Dalazen, o gargalo da execução processual ameaça a imagem do Judiciário. "Um processo que não proporcione ao credor a satisfação de seu direito leva à descrença na Justiça", disse. Dalazen escolheu o combate à demora na execução como a bandeira de sua gestão, que se encerra em 2012.

Não pagar o que é devido a cada um é indigno e ofende a prestação de um direito, na opinião do ministro Pedro Paulo Manus. "Juízes de vara são aqueles que se angustiam quando percebem que não podem pagar aquilo que é devido ao trabalhador", disse.

Os obstáculos

Vamos analisar nesse capítulo os principais entraves da execução trabalhista e enumerar as iniciativas apontadas por especialistas para solucionar o problema.

Segundo o juiz auxiliar do CNJ, Antonio Carlos Alves Braga Jr., quando a questão judicial não é resolvida por meio de conciliação ou acordo entre as partes, a execução dos processos passa a esbarrar em duas grandes dificuldades para ser cumprida: localizar pessoas e localizar bens.

O cotidiano da Justiça do Trabalho

Braga observa que, em muitos casos, o devedor não é encontrado. "O endereço que consta no processo não é onde ele mora mais e o processo fica parado enquanto não se tem uma nova informação". No caso de o devedor ser encontrado, se ele não tiver condições de pagar, é necessário recorrer aos seus bens para quitar a dívida. "É muito frequente não encontrar bens desse devedor para satisfazer a obrigação". Ainda de acordo com o juiz auxiliar, se os bens não são localizados, foge do alcance da Justiça resolver essa "situação indefinida".

"Se fui até a empresa, não há nenhum bem registrado no nome dela ou no nome dos sócios, e o que tem já foi registrado por outras execuções, por outros débitos trabalhistas, como resolvo? Isso escapa da possibilidade do juiz", diz Braga. "Para o cidadão, enquanto não tem o dinheiro na mão, tem pouca relevância o fato de ele ter ganho o processo", afirma o juiz.

O ministro do TST Ives Gandra Martins Filho chama a atenção para o fato de que o processo trabalhista é "duro" no que diz respeito à despersonalização da pessoa jurídica, o que impõe mais uma dificuldade à execução processual. "Existe a proteção para garantia do direito de defesa, para ver o quanto que é devido mesmo. Mas, ao mesmo tempo, há muita fuga de capital das empresas", diz Gandra Martins. "Na área de terceirização as empresas simplesmente somem, não se encontra sócio nem dinheiro, e aí o trabalhador fica a ver navios".

Gandra Martins admite que o processo de execução apresenta falhas, no entanto, afirma que é preciso observar "os dois lados da moeda" e considerar que "a imposição de decisões de forte carga ideológica [a fim de proteger o trabalhador]" acaba acirrando o conflito entre as partes, ocasionando certa "resistência por parte das empresas, que se sentem injustiçadas".

Justiça do Trabalho

Um dos motivos desse gargalo, segundo o presidente do TST, é o fato de a execução ser regulamentada "por normas processuais precárias, insuficientes e defasadas". O ministro João Oreste Dalazen defende a reformulação da legislação sobre o tema. "Não é concebível que o credor cível, regido pelo Código de Processo Civil, disponha de um arsenal de meios de coerção do devedor muito maior que o titular de um crédito trabalhista de natureza alimentar".

Soluções

Atualmente, a Justiça do Trabalho já conta com ferramentas para auxiliar o trâmite das execuções processuais, como o sistema Bacen Jud, por exemplo. Por meio dessa ferramenta online, as ordens judiciais são enviadas automaticamente ao Sistema Financeiro Nacional, "bloqueando o dinheiro da empresa devedora", como explicou o juiz aposentado Irany Ferrari.

O convênio com o Banco Central que permitiu a criação do sistema Bacen Jud foi assinado durante a gestão de Almir Pazzianotto à frente do TST. O jurista afirma que a penhora online já representou um grande avanço para a execução, mas não acredita que possa haver um sistema perfeito. "A penhora online, juntamente com a desconsideração da pessoa jurídica, foi um grande desestímulo ao desvio de bens. Mas, como em todo conto do vigário, o espertalhão encontra um meio de iludir as pessoas e a Justiça", diz, em referência a empresas que omitem bens para evitar o pagamento das dívidas.

Em 2011, ciente da dificuldade enfrentada, a própria Justiça do Trabalho aprovou como meta a criação de "Núcleos de Apoio de Execução". De acordo com o conselheiro Antônio Braga, o principal

O cotidiano da Justiça do Trabalho

objetivo do órgão é auxiliar a localização de pessoas e bens. "Há várias formas de fazer isso. Podemos criar um banco de dados dos executados. Imagine que estou procurando bens de fulano, o endereço de uma determinada pessoa e não encontro, mas ela já foi encontrada num outro processo. Se tiver essa informação cadastrada, centralizada, posso aproveitar aquilo, já consigo passar de um processo para outro. É a mesma coisa em relação a bens", afirmou. Segundo Braga, a ideia é trazer eficiência a esse procedimento de busca, "que é muito mais externo ao Judiciário do que interno", e centralizar o trabalho. "É um grande desafio".

Em março de 2011, o ministro João Oreste Dalazen esteve no Congresso para pedir apoio dos parlamentares à aprovação do projeto que criaria a CNDT (Certidão Negativa de Débitos Trabalhistas). A proposta foi aprovada e sancionada pela presidente Dilma Rousseff.

Com a Lei 12.440/11, pessoas físicas ou jurídicas que possuam dívidas trabalhistas ficam impedidas de firmar contratos com o Poder Público e participar de programas de incentivo fiscal. A expectativa é que a medida obrigue os devedores a quitar os débitos.

Dalazen destacou que o sucesso da CNDT – fruto de um trabalho de oito anos, que envolveu cinco ministérios – depende do empenho dos TRTs em garantir a fidelidade dos dados que abastecerão o sistema de emissão das certidões. O banco de dados será formado por, basicamente, quatro informações: número do processo, CPF, CNPJ e valor da dívida.

Durante a semana em que reformou diversos pontos de sua jurisprudência, o TST aprovou o texto de um anteprojeto de lei que estabelece a execução imediata da sentença a partir da decisão do tribunal regional. A proposta segue os passos da famigerada PEC de

Recursos, apresentada pelo presidente do STF, ministro Cezar Peluso. O projeto prevê ainda a possibilidade de parcelar o valor da dívida em até seis vezes e a cobrança de 10% de multa a quem não pagar a dívida no dia marcado.

Hoje, quando há recurso pendente de julgamento no TST, o processo de penhora é paralisado e os bens não podem ir a leilão judicial. Assim como Peluso, Dalazen argumenta que o número de processos que tem suas sentenças revertidas pelo tribunal superior é muito baixo, o que justificaria a execução antecipada. A medida valeria para processos que lidem com matérias cujo posicionamento já estiver consolidado no TST ou no STF.

O ministro também defende a possibilidade de parcelamento do débito. Para Dalazen, a rigidez que impede divisão do pagamento não faz mais sentido, já que atualmente a economia brasileira mantém a inflação sob controle. As duas propostas deverão fazer parte do 3º Pacto Republicano. O pacto foi proposto pelo presidente do STF e implica união de esforços entre os Três Poderes para melhorar a prestação de serviços na área da Justiça.

Outras iniciativas

Segundo o presidente do TRT-SP, desembargador Nelson Nazar, a Justiça trabalhista foi "pioneira em várias modalidades de eficiência à execução, recebendo, inclusive, muitas pressões em função disso". O desembargador, em seguida, citou como exemplo a "penhora online, a busca de informações junto a Receita Federal e a busca de informações em cartórios de registro imóveis". Para o magistrado, com a implementação definitiva do processo judicial eletrônico, "essas

O cotidiano da Justiça do Trabalho

distorções que ocorrem serão solucionadas; a rapidez do processo será muito maior".

Uma maneira de resolver o "gargalo" da execução, na opinião do ministro do TST Ives Gandra Martins Filho, seria a adoção de uma legislação mais moderna ou o aumento do rigor nos critérios de seleção de recursos no TST, "para simplificar a pirâmide recursal". Segundo o ministro, é preciso fazer com que "não haja ideologização na interpretação do direito trabalhista, que seja interpretado de forma a compor e harmonizar as relações entre empregado e patrão, e não simplesmente enrijecer a interpretação de tal forma que basta o trabalhador pedir e ele já tem o direito garantido".

Já o juiz aposentado Irany Ferrari retomou uma sugestão que virou até Projeto de Lei, ainda em 2004: a criação do FGET (Fundo de Garantia das Execuções Trabalhistas). "Por que não se cria esse fundo nacional, de indenização, para formar um volume grande de dinheiro?", questiona. "Todas as empresas do país pagariam 2% da folha [de lucro], todo mês, para a constituição do fundo. E então, quando for comprovado que não há mais recursos [para concluir a execução do processo], a opção viável para um momento de 'socorro' seria recorrer a esse fundo", concluiu.

O projeto, PL 4.597/04, foi o primeiro apresentado formalmente propondo a regulamentação da Emenda Constitucional 45, que já previa a criação desse fundo. Posteriormente, o PL 6.541/06 foi levado à Câmara e, por seguir o mesmo entendimento, foi anexado ao projeto anterior. Atualmente, no entanto, os projetos encontram-se paralisados. Foram desarquivados pela Mesa Diretora no início de 2011, sendo que o mais antigo deles chegou a ser levado à CCJ

(Comissão de Constituição e Justiça e de Cidadania), em 23 de março do mesmo ano, mas devolvido sem manifestações.

A função da Justiça do Trabalho

Criada para pacificar as tensões entre patrões e empregados – o objetivo era evitar greves e outras convulsões sociais em pleno Estado Novo –, a Justiça do Trabalho completou 70 anos em 1º de maio de 2011, com um desvio na rota prevista por Getúlio Vargas. Menos que um instrumento de conciliação de classes, ela se tornou um meio de proteção dos trabalhadores na relação desproporcional de forças com os empregadores. Os efeitos dessa mudança são controversos. Os dois lados da relação capital-trabalho têm opiniões bastante divergentes sobre a Justiça do Trabalho.

Aqueles que representam os empresários entendem que a Justiça do Trabalho deveria ser menos rígida e "engessada" em uma postura pró-empregado. A crítica aumenta ainda mais quando se trata das micro e pequenas empresas. Segundo a Comicro (Confederação Nacional das Microempresas e Empresas de Pequeno Porte), são estas as mais prejudicadas pelas decisões dos juízes trabalhistas.

"A Justiça do Trabalho precisa ser revista e rediscutida. Tudo que passa muito tempo sob as mesmas normas, os mesmos critérios, deve ser repensado. Ela é muito dura com o empregador, principalmente com a micro e pequena empresas", afirma o empresário José Tarcísio da Silva, presidente da entidade.

Os empresários também não contestam a existência da Justiça do Trabalho, mas criticam a insegurança jurídica gerada por suas decisões. Segundo Emerson Casari, gerente de Relações do Trabalho da

O cotidiano da Justiça do Trabalho

CNI (Confederação Nacional da Indústria), essa insegurança pode causar, inclusive, prejuízos ao próprio trabalhador. "É inegável a importância que as instituições do trabalho tiveram para a construção de uma consciência em relação à proteção do trabalhador e das relações do trabalho no Brasil. Agora, de outro lado, há muitas distorções", diz. "Uma Justiça do Trabalho que para cada real que o trabalhador recebe numa ação indenizatória, a Justiça custa outro real para a sociedade... há uma evidente distorção nessa história", observa.

Segundo Tarcísio da Silva, a estrutura das micro e pequenas empresas dificulta sua relação com a Justiça do Trabalho. "As microempresas não têm o porte que as grandes redes e multinacionais têm para se defender. O empresário da microempresa é o vendedor, é o relações públicas, é tudo dentro da empresa. Ele não tem e não pode ter mais custos com equipe. Diferentemente da grande empresa, que tem departamento para tudo; para recursos humanos, jurídico, de compras etc.", analisou.

O dirigente citou como exemplo a implantação do ponto eletrônico. Para ele, mais uma vez a estrutura de uma microempresa impede que tal determinação seja cumprida. "Para a microempresa implantar o ponto eletrônico vai custar, muitas vezes, um valor superior ao capital da própria empresa. Além disso, a relação entre o empregado e o empregador da microempresa é quase familiar. Não é por um atraso de 15 ou 20 minutos que o funcionário será demitido", analisou.

Apesar das críticas, até mesmo a classe de empresários entende a necessidade da Justiça do Trabalho como órgão fiscalizador. "Você precisa ter instituições que garantam o cumprimento dos direitos, que irão fiscalizar para que tudo ocorra corretamente. Nós não temos uma sociedade suficientemente madura para garantir que tudo irá funcionar corretamente", afirma Casari.

Sindicatos

Entre os sindicatos de trabalhadores, a imagem da Justiça do Trabalho é mais positiva. Para a Força Sindical, por exemplo, ela garante a medição entre as partes, facilitando, de certa forma, os acordos entre empresas e trabalhadores.

"A Justiça do Trabalho é importante para nós porque ela é um órgão que garante a mediação", afirmou João Carlos Gonçalves, secretário-geral da Força. "Hoje não existe greve legal ou ilegal. Ela pode ser abusiva por não cumprir os preceitos legais. Caso o sindicato cumpra os preceitos legais, a Justiça acaba fazendo apenas o papel de mediação entre as partes para buscar um acordo", completou.

A opinião de Gonçalves é partilhada também pelo presidente da Força Sindical, o deputado federal Paulo Pereira da Silva, o Paulinho. "Ela desempenha um papel importante, na medida em que os trabalhadores que foram prejudicados recorrem à Justiça para garantir seus direitos".

Paulinho considera, porém, que houve um retrocesso com a Emenda Constitucional 45, que pôs fim ao poder normativo da Justiça do Trabalho e tornou obrigatória a concordância de ambas as partes para submeter os dissídios coletivos à arbitragem de um juiz. "Isso é um problema, pois os dois estarem de acordo é muito difícil. Se as duas partes estiverem de acordo, elas fazem um acordo e não irão à Justiça", avalia.

O cotidiano da Justiça do Trabalho

Para Artur Henrique, presidente da CUT, no entanto, a necessidade de consenso entre as duas partes força a negociação e é positivo. "O fato de as duas partes terem de estar em acordo para buscar o dissídio é positivo. Antes disso, a empresa não negociava com o sindicato e mandava para a Justiça. É importante o acordo entre as duas partes porque força a negociação. A negociação precisa acontecer, mesmo que o acordo não seja feito", afirmou Henrique.

O dirigente, entretanto, alertou que a atual situação da Justiça do Trabalho enfraquece o processo da negociação coletiva. "A greve faz parte do processo de negociação, quando você não consegue chegar a um acordo na mesa de negociação. O problema é que, no Fórum Nacional do Trabalho, foi aprovada a emenda 45 da Reforma do Judiciário e só se passou essa parte do dissídio. Todo o resto referente às greves, à regulamentação da negociação não foi levado em consideração na Reforma do Judiciário. O único instrumento que o sindicato tem para forçar a empresa a tentar negociar é a greve", explicou.

Críticas

Outras críticas em relação à atuação da Justiça do Trabalho partem do PSTU (Partido Socialista dos Trabalhadores Unificados). Para o presidente nacional do partido e coordenador do CSP-CONLUTAS (Central Sindical e Popular), Zé Maria, o objetivo principal da Justiça do Trabalho não é cumprido. "A Justiça do Trabalho está aí para equilibrar as diferenças de força da nossa sociedade. Obviamente, ela não faz isso. Não faz isso porque a Justiça acaba sendo, como todas as outras instituições da nossa sociedade, controlada e muito influenciada pelo poder econômico, pelas empresas", diz.

Justiça do Trabalho

"A Justiça é também muito lenta. Às vezes uma empresa comete uma injustiça, demite um trabalhador por justa causa, deixa de pagar um direito ao trabalhador e a Justiça às vezes demora 10 anos para resolver isso. O trabalhador não pode esperar 10 anos e muitas vezes acaba fazendo um acordo rebaixado com a empresa, abrindo mão de um direito que ele tem", completa.

O dirigente ressalta, porém, que não concorda com a ideia de que é necessário acabar com a Justiça do Trabalho. "Acho ruim com a Justiça do Trabalho e pior sem ela".

Flexibilização da CLT

Uma das questões que mais geraram conflitos nos últimos anos entre trabalhadores e empresários diz respeito à flexibilização da CLT. "Somos contra qualquer tipo de flexibilização dos direitos dos trabalhadores, sejam aqueles que estão na Constituição Federal, sejam aqueles estabelecidos na CLT. Isso não quer dizer que a gente concorde com tudo o que está escrito na CLT", afirma Artur Henrique.

A opinião do dirigente, e também da CUT, reforça o fato de que a negociação entre empresas e trabalhadores a respeito da flexibilização da CLT ainda é algo muito delicado. Isso porque há um grande receio, por parte dos sindicatos, de que a modernização das leis trabalhistas possa prejudicar os trabalhadores excluindo parte dos seus direitos já estabelecidos.

"Não estamos falando de perder direitos ou de regulamentar a CLT ou qualquer direito trabalhista. O que estamos falando é que, a partir da regra que já existe, é possível flexibilizá-la. Temos que acabar com essa ideia de que as pessoas querem acabar com os direitos

O cotidiano da Justiça do Trabalho

dos trabalhadores", defendeu a especialista em Direito do Trabalho Aparecida Tokumi Hashimoto.

Zé Maria, no entanto, é irredutível quanto ao tema. "O que há é uma tentativa por parte das empresas de diminuir os direitos e benefícios que são pagos aos trabalhadores como forma de aumentar seus ganhos e lucros. Isso tem sido uma prática recorrente historicamente por parte das empresas e em momentos de crise econômica, onde há uma queda na rentabilidade dos grandes grupos", afirmou.

O dirigente disse ainda que a flexibilização da CLT resulta diretamente na piora das condições de vida dos trabalhadores. Por conta disso, ocorre uma resistência por parte da classe.

"A flexibilização significa isso: menos direitos, menos benefícios, portanto maior degradação das condições de vida daqueles que trabalham. Nós estamos fazendo esse debate na base, conscientizando esses trabalhadores, inclusive com protestos e mobilizações para impedir essas ações", conclui.

Visão dos empresários

O empresariado, por sua vez, faz questão de lembrar a importância de tornar menos rígidas as leis trabalhistas. Segundo a CNI, por exemplo, flexibilizar a CLT significa modernizá-la, trazendo benefícios também aos trabalhadores.

"Nosso grande desafio é modernizá-la. Em 1940, os trabalhadores tinham uma capacidade de se defender, mas a maioria era analfabeta e não tinha uma organização sindical, por isso foi necessário criar uma legislação para protegê-los. A essência principal e não única da

CLT é proteger o trabalhador. O tempo foi passando e essa legislação não se modernizou", explicou Casari.

Para ele, o Brasil enfrenta um índice grande de informalidade no trabalho, que causa a perda da competitividade das empresas do país. "Hoje, temos uma legislação em que metade da população está na informalidade, em que as empresas perdem competitividade fortemente. Os custos estão aumentando e sendo repassados, pois dentro da economia não há como trabalhar com prejuízo. Dessa forma fica mais difícil gerar empregos formais. Esse fenômeno da informalidade – 50% dos trabalhadores desprotegidos – é uma forte perda de competitividade das empresas brasileiras", afirmou.

Aparecida Hashimoto também alerta sobre a informalidade. Segundo a advogada, muitas empresas acabam fraudando leis trabalhistas, pois não conseguem arcar com todos os encargos gerados pela rigidez das regras. "Algumas empresas decidem que, por exemplo, em vez de pagar R$ 7 mil de salário para o trabalhador, pagam R$ 3,5 mil e o restante como benefícios, pois assim não gera encargos na folha salarial. Ou então, a empresa contrata o trabalhador como pessoa jurídica, pois também não pagará encargos. Tudo isso é fraude", revelou a advogada, que afirmou também as consequências de tais atos. "Durante a contratação, muitas pessoas aceitam trabalhar nesses moldes porque não dá pra negociar ou porque é mais vantajoso em termos de pagamento. No entanto, no dia em que essa pessoa for demitida, poderá entrar com uma ação pedindo todos aqueles encargos como férias, 13º salário e fundo de garantia, por exemplo", concluiu.

O cotidiano da Justiça do Trabalho

Negociação coletiva

Algo estritamente ligado à flexibilização da CLT é o fortalecimento da negociação coletiva. Para Artur Henrique, presidente da CUT, a CLT está sim atrasada, mas é necessário também dar mais liberdade na negociação entre empresas e funcionários.

"Quanto mais fortalecer a organização no local de trabalho e fortalecer a relação entre capital e trabalho por meio da negociação, menos lei vai precisar. É lógico que precisa ter a garantia do artigo 7º da Constituição e as garantias mínimas para um trabalho decente. Agora, o que se pode negociar para além disso é absolutamente fácil de fazer quando se tem liberdade de organização e fortalecimento da negociação coletiva, o que não existe no Brasil", explicou.

A dificuldade , segundo entidades ligadas aos empresários, já não é estabelecer uma relação entre as empresas e os trabalhadores, e sim fazer com que os acordos firmados entre as partes tenham validade legal.

"O profissional não pode negociar seu contrato. Tudo está muito definido dentro da lei e ela engessa completamente as relações. Essa mesma lei que vale para o trabalhador do Acre e o lavrador de Roraima, vale também para o profissional de TI (Tecnologia da Informação) em São Paulo. É a mesma lei que vale para o PhD ou um engenheiro altamente qualificado que trabalha na extração de petróleo. Ou seja, essas leis acabam engessando muito as relações de trabalho e de uma forma muito inadequada", afirmou Casari.

As empresas reclamam que em uma cidade grande como São Paulo, por exemplo, torna-se muito difícil de cumprir estritamente todas as normas da CLT. A questão do horário rígido, por exemplo, é altamente criticada. "As pessoas têm diversos compromissos e ainda assim possuem horários rígidos de trabalho. As empresas hoje adotam as jornadas flexíveis por entender que o trabalhador tem outros compromissos", revelou Hashimoto. A advogada citou ainda outro exemplo de norma que considera ultrapassada na CLT. "O trabalhador com menos de 18 anos ou com 50 anos ou mais não pode ter suas férias divididas. Isso porque a lei proíbe, de forma absoluta. O menor de 18 tudo bem, pois entendemos que há o Estatuto da Criança e do Adolescente que o protege. Agora, uma pessoa com 50 anos está em sua plena capacidade produtiva, tem discernimento e mesmo assim tem que tirar férias de uma só vez", disse.

Segundo Hashimoto, por meio da negociação as empresas podem considerar os casos de profissionais que preferem dividir as férias, ou que desejam trabalhar parte da jornada em suas residências. No entanto, com a atual legislação, o trabalhador poderia, posteriormente, entrar com uma ação contra a empresa para receber o que deixou de ganhar a partir do que foi negociado. Essa falta de liberdade e segurança para a negociação, segundo os entrevistados, engessa as relações de trabalho.

"O sujeito na informática, por exemplo, pode dizer que emprega 40 pessoas. Mas se a legislação fosse melhor, não tivesse tanto encargo, tanta insegurança, se as pessoas pudessem trabalhar de casa, se ele pudesse formar uma rede de gente, enfim, ele teria 100 pessoas trabalhando para ele", afirmou Casari, que reforçou a necessidade de se incentivar a negociação entre as partes, para proteger o trabalhador. "Existe pouca impulsão a um processo mais de negociação, de solução de conflitos, de mais liberdade para o próprio trabalhador. Estamos falando de como proteger o trabalhador e isso é altamente importante. Agora, quando isso começa a se voltar contra, precisamos pensar em achar uma solução melhor, que não desproteja o trabalhador", concluiu.

O cotidiano da advocacia trabalhista

NA MAIOR PARTE DOS RAMOS DO DIREITO, não é fácil definir o momento em que uma situação de conflito deságua no ajuizamento de um processo judicial. Uma briga entre vizinhos que termine em ofensa ou agressão pode, ou não, ser levada aos tribunais. Antes de recorrer à Justiça para cobrar um consumidor inadimplente, geralmente as empresas percorrem um longo caminho de tentativas de acordo e uso de outros meios de coerção do devedor. Até mesmo no âmbito criminal, alguns processos, como os de violência doméstica, dependem da queixa da vítima para serem iniciados – isso quando o delito não é abafado pelo fenômeno da subnotificação.

Na Justiça do Trabalho, por outro lado, essa definição é muito mais clara. É no momento da ruptura da relação de trabalho ou emprego – seja por iniciativa do empregador, ou por vontade própria do empregado – que são iniciados quase todos os processos. São aproximadamente três milhões de novas ações ajuizadas a cada ano.

Salvo exceções, é na fatídica hora da demissão que os ânimos se acirram e as tensões entre capital e trabalho passam a movimentar um gigantesco aparato estatal. Do protocolo na Vara do Trabalho à sentença definitiva – e a lenta execução dessa decisão judicial –, uma miríade de funcionários e recursos públicos serão despendidos para que os direitos trabalhistas consolidados nos últimos 80 anos sejam respeitados, ou para que o empregador comprove que respeitou a legislação e que nada deve.

Justiça do Trabalho

Nada disso seria possível, contudo, não fossem os profissionais que representam os interesses das duas partes perante a Justiça. São eles que, de um lado, aconselham o trabalhador sobre seus direitos eventualmente violados e preparam a estratégia para resgatá-los; e, de outro, planejam a defesa da empresa acionada. A advocacia trabalhista é um dos mais tradicionais ramos do direito no Brasil, atraindo milhares de profissionais recém-formados a cada ano.

Grosso modo, os escritórios especializados em Direito do Trabalho acabam seguindo a polarização das relações de trabalho na definição de sua clientela. As bancas se dividem entre as focadas no direito empresarial do trabalho, que atende os empregadores, e aquelas que atuam ao lado do empregado. No primeiro caso, a atuação é basicamente no polo passivo dos processos, ou seja, na defesa das empresas acusadas de violação da CLT e de outras normas laborais. No segundo caso, falamos dos escritórios que auxiliam o empregado a ajuizar a ação trabalhista, ou seja, o famoso advogado para "colocar a empresa no pau".

O lado escolhido pela banca nessa história – se defende o patronato ou se patrocina o trabalhador – também costuma definir o seu tamanho, seja do ponto de vista do volume de processos em tramitação, do número de advogados e funcionários, e, obviamente, do faturamento anual. As bancas especializadas em direito empresarial do trabalho ocupam andares inteiros de prédios comerciais, quando não são sediadas em edifícios próprios. Os escritórios que atendem empregados são bem menores, funcionam em salas alugadas ou até em sobrelojas. Muitos deles se concentram nos arredores dos fóruns utilizando "homens-sanduíche" como chamariz de clientes.

O grande escritório

Atendimento completo e personalizado. Esse é o lema que move os colaboradores do escritório Rodrigues Jr. Advogados. Prestes a completar 30 anos, a banca fundada pelo advogado José Augusto Rodrigues Jr. tornou-se uma das mais renomadas do país na área do Direito do Trabalho. As dezenas de sócios, advogados, paralegais, estagiários e consultores se dedicam a atender empresas dos mais variados setores, desde pequenos estabelecimentos comerciais até grandes multinacionais.

Em um ambiente no qual cada vez mais escritórios se dedicam ao chamado contencioso de massas, com milhares de ações sendo tratadas em um sistema de linha de produção – quase um fast food do direito –, o Rodrigues Jr. Advogados se orgulha de ainda manter uma dinâmica quase artesanal de trabalho. Cada novo processo que entra no escritório é cuidado de forma individual, mesmo que envolva uma questão jurídica semelhante ou idêntica a de outro caso. A ideia é mostrar ao cliente que ele receberá atenção total e que seu caso será cuidado com carinho e profissionalismo.

Os profissionais e empregados administrativos do escritório ainda dividem espaço com enormes arquivos móveis que guardam o estoque de milhares de processos em tramitação, os quais serão brevemente trocados por servidor computacional responsável pelo armazenamento digital de todos esses processos. A demanda chega

Justiça do Trabalho

principalmente por indicação de outros clientes e advogados, graças à ótima reputação do escritório.

Atualmente, o principal foco de atuação da banca se concentra no direito empresarial do trabalho, ou seja, no atendimento às empresas que são acionadas judicialmente. A demanda ativa representa uma parte pequena da atuação da banca, embora os processos iniciados por trabalhadores recebam a mesma atenção por parte do escritório.

Diferentemente de escritórios menores, o Rodrigues Jr. Advogados trabalha o processo de forma compartimentalizada. De modo geral, os advogados são divididos em três equipes: a equipe defesa, que prepara as peças de contra-argumentação e recurso; a equipe de acompanhamento processual, que é responsável por monitorar a tramitação do processo, atender audiências e produzir as peças necessárias para cada etapa do andamento; e a equipe de execução, que lida com a liquidação de sentenças já transitadas em julgado. Ou seja, ao invés de apenas um advogado cuidar de todo o caso, profissionais especializados em cada fase processual aumentam as chances de sucesso do cliente, proporcionando uma defesa mais cuidadosa e pessoal.

Além da área de contencioso, o Rodrigues Jr. Advogados também auxilia os clientes com um serviço de consultoria e de gestão trabalhista. A banca conta com um sistema informatizado que pode, por exemplo, emitir um relatório sobre o passivo de processos trabalhistas de determinada empresa, com detalhamento de valores, prazos e perspecitvas de sucesso da causa. Hoje em dia, esse tipo de informação é essencial para o planejamento de grandes companhias, em operações de fusão ou aquisição de outras empresas, por exemplo.

O escritório também conta com uma equipe especializada no setor de consultoria jurídica. O objetivo é atuar de forma preventiva,

O cotidiano da Justiça do Trabalho

indicando para os clientes procedimentos adequados à legislação na relação com os funcionários, além da emissão de pareceres com a base legal para a definição de estratégias de gestão de mão-de-obra. Esse é um campo de atuação em crescimento para o escritório e para a advocacia de um modo geral no Brasil, que ainda tem uma formação universitária voltada para o processo contencioso.

Enquanto um dos advogados falava sobre esse desafio de evitar conflitos futuros, o telefone do setor de consultoria tocou. Um cliente pedia orientação sobre como proceder com empregados que estavam excedendo o limite de 10 horas seguidas com horas extras. Pacientemente, ele explica que essa não pode ser a regra no ambiente de trabalho, já que a prática é vedada pela CLT e que, em caso de fiscalização do Ministério do Trabalho, a empresa pode ter problemas sérios. Muitas vezes, o cliente pede orientação legal depois de já ter implementado uma decisão de risco. Nesse caso, a estratégia passa a ser de redução de danos.

A atuação do Rodrigues Jr. Advogados tem foco no Estado de São Paulo, mas também há clientes em outros estados. A banca conta com advogados associados que atuam como correspondentes em Brasília, quando os processos chegam ao TST. O próprio fundador, José Augusto Rodrigues Jr., faz as sustentações orais no Tribunal Regional e na Corte Superior.

Como já dito, o perfil dos clientes do escritório é bastante variado, vai desde empresas pequenas até grandes multinacionais. O número de pessoas físicas atendidas pela banca é relativamente pequeno quando comparado com os processos de direito empresarial do trabalho, mas a atenção dada a eles é a mesma.

Justiça do Trabalho

O pequeno escritório

Uma estreita escada que leva ao segundo andar do prédio de esquina abriga um escritório de advocacia. A sala, com cerca de 50m², tem algumas divisórias responsáveis por separar uma recepção sem recepcionista das mesas de trabalho dos advogados. Só há uma advogada no escritório – os outros profissionais estão em audiência. Depois de ter passado um bom tempo debruçada sobre uma dentre as muitas pilhas de papéis do local, ela desce as escadas até o térreo, que abriga um restaurante popular. Está atrasada para se juntar aos colegas.

Os arredores do Fórum Trabalhista Ruy Barbosa não são tão suntuosos quanto o "prédio do Lalau". A algumas quadras do Fórum, portas abrigam letreiros quase sempre iguais: "advocacia trabalhista". Os escritórios dividem espaço com o comércio local da Rua Quirino dos Santos, no bairro da Barra Funda, zona oeste de São Paulo.

"Só empregados", é a resposta comum dos que advogam na região quando questionados sobre o público que atendem. O acesso fácil à Justiça faz com que os escritórios próximos ao Fórum sejam procurados normalmente por trabalhadores, o que leva alguns locais a se especializarem neste tipo de atendimento.

Escolhidos para enfrentar os empregadores, os escritórios lidam todos os dias com pessoas que buscam consultas, querem entrar com ações judiciais ou saber sobre o andamento dos processos nos quais são parte. A atendente de um dos escritórios da Quirino dos Santos conta que a porta não para fechada, das 8h até às 18h, período em que há advogados atendendo. A maioria das procuras é referente a casos

O cotidiano da Justiça do Trabalho

de horas extras não pagas pelas empresas que, normalmente, refutam as acusações dos trabalhadores.

"Os escritórios que atendem grandes empresas podem ter milhares de ações de uma só parte. Ou seja, uma mesma empresa que está respondendo várias ações na Justiça", conta Maurício Nahas Borges, advogado e sócio de um dos poucos grandes escritórios dos arredores do fórum trabalhista da Barra Funda. "Aqui, se temos nove mil ações, temos nove mil pessoas físicas procurando o escritório", conta Borges

Por ser responsável por um grande volume de ações na Justiça, a Advocacia Borges tem dinâmica um pouco diferente dos colegas de trabalho da mesma rua. O próprio prédio do escritório, grande e com portões modernos, chama a atenção na rua. A exclusividade no atendimento aos trabalhadores e o trato diário com os clientes, contudo, une o escritório aos vizinhos.

Depois do atendimento ao trabalhador, vêm os próximos passos. Caso não haja conciliação e o cliente resolva entrar com a ação contra o empregador, começa a confecção das peças processuais e o acompanhamento da ação. "Um processo trabalhista comum em São Paulo demora, em média, de quatro a seis anos", conta Borges.

Parte III

Entrevistas

Beatriz Bulla

Almir Pazzianotto

BRASIL. FINAL DOS ANOS 1970. A euforia com o suposto milagre econômico do início da década já havia passado. Qualquer brado por democracia já havia sido duramente silenciado pelos anos de chumbo, que agora ensaiavam ficar para trás. Mais de quinze anos depois do golpe, a popularidade do governo militar estava em baixa e começava então a surgir espaço para a volta das demandas dos trabalhadores.

Foi neste contexto, brigando pelo fim da ditadura, por melhores condições de trabalho e contra a política de arrocho salarial, que o movimento sindical na região do ABC paulista ganhou força e a atenção do país com a realização de greves históricas em 1978, 1979 e 1980. Era um dos primeiros grandes momentos da carreira de Almir Pazzianotto. Advogado do Sindicato dos Metalúrgicos do ABC, ele foi responsável por lutar pelo reconhecimento da legalidade das greves na Justiça, por defender líderes sindicais que eram presos e por prestar consultoria jurídica às principais vozes do movimento em períodos decisivos. Uma destas vozes era a do metalúrgico Luiz Inácio da Silva – ainda sem "Lula" no nome e mais de 20 anos antes de assumir a Presidência da República –, que dirigia o sindicato defendido por Pazzianotto na época.

Justiça do Trabalho

"De súbito, um fenômeno quase esquecido entre nós ressurgiu, e a paralisação dos trabalhadores, silenciando enormes fábricas e fazendo cessar a produção até então ininterrupta, cobriu de dignidade a vida sindical, revelando aos surpreendidos empregadores, bem como ao incrédulo governo, que a classe operária está disposta a lutar, com alguma coisa a mais que palavras, pelos seus direitos fundamentais, na base do qual estão salários mais justos e a livre negociação com o patronato."[1] Esta foi parte da defesa que Almir Pazzianotto – então advogado do Sindicato dos Trabalhadores das Indústrias Mecânicas, Metalúrgicas e de Material Elétrico de São Bernardo – apresentou ao TST para alegar a legalidade da greve de 1978, quando três mil trabalhadores da fábrica de caminhões Scania decidiram cruzar os braços, incentivando que metalúrgicos da Ford, Mercedes e Volkswagen fizessem o mesmo.

Pazzianotto brigava para que a Lei 4.330/64, que regulava o direito de greve, fosse declarada inconstitucional. Aprovada no ano do golpe militar, a lei do direito de greve chegou a ser conhecida nas ruas como "lei do delito de greve", por estabelecer diversas limitações às reivindicações trabalhistas. O TST, assim como já havia feito o TRT, declarou a greve ilegal.

Nascido no interior de São Paulo, Almir Pazzianotto começava a construir sua carreira e imagem pública ocupando posição de destaque no mundo do Direito do Trabalho e na sociedade brasileira como um todo. O advogado, que era também deputado estadual pelo MDB (Movimento Democrático Brasileiro), seria ainda ministro do Trabalho (Governo Sarney) e presidente do TST.

---

1 Arquivo TST

Entrevistas

À frente do Ministério do Trabalho, antes de ocupar uma cadeira no TST, foi ao programa Roda Viva, na TV Cultura, onde teve que responder muitas perguntas sobre paralisações. O ano era 1987. Na esteira do fracasso do Plano Cruzado, o país era cortado de norte a sul por greves de trabalhadores que exigiam o disparo de gatilhos salariais para enfrentar a volta da inflação de dois dígitos.

Na época, a Lei de Greve do regime militar proibia a paralisação do funcionalismo, mas já não era respeitada. Pazzianotto insistia que não poderia haver uma vedação generalizada do direito de greve, devendo ser observado o grau de importância do serviço público prestado por cada categoria. "Depende", dizia. No ano seguinte, a Assembleia Constituinte lhe daria razão ao dizer que, no caso do serviço público, "o direito de greve será exercido nos termos e nos limites definidos em lei específica". Passados 23 anos, a esperada regulamentação não veio.

"A lei deve ser feita. Não se faz pelo receio da impopularidade, de dizer a uma categoria inteira de funcionários públicos que eles não podem fazer greve", diz o jurista. "Se fizerem greve serão exonerados, ou terão os dias descontados, algo que nunca acontece no Brasil. Até o Lula, na sua iluminada sabedoria, percebeu que greve no setor público é férias".

Pazzianotto foi indicado para o Ministério do Trabalho em 1985 por Tancredo Neves, que havia sido escolhido pelo Colégio Eleitoral como novo presidente da República. Com a morte de Tancredo antes da posse, José Sarney assumiu e manteve o jurista na pasta. Em 1986, como parte do grupo de ministros responsável pela implantação do primeiro Plano Cruzado, Pazzianotto institui o seguro-desemprego no país. A garantia, que protege o trabalhador quando o desemprego é involuntário, entrou, dois anos depois, na Constituição de 1988, no capítulo sobre os direitos sociais.

Antes de assumir o Ministério do Trabalho, foi responsável pela direção da Secretaria de Estado das Relações de Trabalho, a convite do então governador de São Paulo André Franco Montoro.

Em 1988, Pazzianotto foi indicado por Sarney para ocupar cargo de ministro do TST, pelo quinto constitucional que destina vagas do tribunal a advogados. Foi corregedor-geral, vice-presidente e presidente da Corte, se aposentando em 2002. De volta a São Paulo, retomou a atividade como advogado trabalhista, iniciada em 1960, ano em que se formou em Direito na Pontifícia Universidade Católica de Campinas (SP).

Na política, foi eleito deputado estadual em 1974, quando era a vez de Ernesto Geisel presidir o país e iniciar a lenta trajetória de mais de dez anos que levaria até a transição para a democracia. Pazzianotto foi reeleito em 1978 e em 1982, ficando como deputado estadual por três mandatos. Primeiro pelo MDB – que fazia oposição moderada à Arena (Aliança Renovadora Nacional), partido dos militares e apoiadores do regime – e depois pelo PMDB.

Crítico ferino do direito e da Justiça do Trabalho, Almir Pazzianotto acredita que a crescente litigiosidade vai contra o ideal de conciliação pretendido por Vargas com a criação da CLT, e reflete o enfraquecimento da representatividade dos sindicatos.

Nesta entrevista, o ex-presidente do TST afirmou que a Emenda Constitucional 45 criou uma "zona cinzenta" sobre a competência da Justiça do Trabalho, ao ampliar sua atuação também para os casos de relação de trabalho. "Teria deixado tudo como estava, em nome da segurança jurídica. Todo mundo sabia o que era competência da

Justiça do Trabalho e o que era da Justiça comum, hoje já não existe essa segurança".

Leia a entrevista na íntegra:

Última Instância – **Passados 70 Anos da instalação formal da Justiça do Trabalho por Getúlio Vargas, qual o saldo para o país? Essa escolha por uma justiça específica para as relações de trabalho foi benéfica ou trouxe mais problemas?**

Almir Pazzianotto – Getúlio Vargas criou a Justiça do Trabalho, sob a Constituição de 1937, não como órgão do Poder Judiciário, como algo à parte. Não era órgão judicante, era órgão destinado basicamente à conciliação, dentro do espírito daquilo que viria a ser a CLT: instrumento de composição. Vargas não pretendeu fazer da Justiça do Trabalho e da Consolidação das Leis do Trabalho instrumentos geradores de conflitos. Ele aspirava encontrar um terreno, através da lei, em que patrões e empregados superassem suas divergências via negociação, se necessário com a participação de órgão do Estado, a que ele deu, com uma certa impropriedade, o nome de Justiça do Trabalho. A composição era paritária, o que não se vê nos órgãos do Poder Judiciário. Em 1946, após a queda do Vargas, vêm os constituintes de 1946 e jogam a Justiça do Trabalho para o interior do Poder Judiciário, mas sem alterar-lhe a estrutura: veio com vogais, juízes classistas, poder normativo nos dissídios coletivos e o processo judiciário do trabalho. Tudo foi arremessado para dentro do Poder Judiciário sem as indispensáveis adaptações. O reflexo é que temos até hoje dois sistemas processuais. O processo trabalhista toma como fonte subsidiária o processo comum, mas o fato é que a existência das duas Justiças, uma federal para o Trabalho, e uma comum para os Estados, significou encarecimento grande e desnecessário.

U. I. – Mas os resultados não foram benéficos para a população?

A. P. – Não estou certo disso. O que se registra é o crescente número de processos trabalhistas, o que definitivamente não é bom. Boa é a legislação e bom é o sistema que, como pensou Vargas, contribui para prevenir o conflito. A lei não pode ser estímulo ao conflito. Nem digo isso em função das despesas, que eventualmente isso acarreta ao Erário Público. Digo porque, de fato, o conflito não é bom. O que se deve procurar é sociedade mais harmônica.

U. I. – Por outro lado, há quem diga que esse aumento no número de processos é fruto do aumento do acesso à Justiça, por uma população mais consciente de seus direitos. Não é algo positivo?

A. P. – Não vejo que uma coisa tenha relação com a outra. Porque o instrumento de manifestação do trabalhador acerca de seus direitos deveria ser o sindicato. Para que existem os sindicatos? Para levar tudo à Justiça do Trabalho na forma de processos? O sindicato existe para atuar no interior das empresas a fim de evitar, tanto quanto possível, a ação judicial, que tem duração e resultado imprevisíveis. O melhor argumento contra a ideia de que a sobrecarga de processos, a litigiosidade intensa, é uma coisa boa para a cidadania, é o fato de que o processo demora. O que a CLT almejou foi a audiência de conciliação que resolveria o problema, não o processo que se arrasta por anos e anos. O atulhamento do Judiciário Trabalhista não é vaga ideia, é a realidade, que exige a todo momento maior número de juízes, maior

Entrevistas

número de tribunais, maior número de prédios, maior número de funcionários, sem se resolver o problema da morosidade.

Em minha estante, há livros de processo do trabalho e livros de processo civil. Isto por si só é uma aberração, porque os princípios processuais são os mesmos e os dois processos são parecidos. Enquanto todos procuram a simplificação, o Direito do Trabalho busca a complicação. O que Vargas e os criadores da CLT queriam era que se aplicasse o princípio da oralidade: sentavam-se as partes diante do juiz; o juiz examinava, ouvia e propunha um acordo. Hoje a audiência leva, às vezes, um ano para ser marcada.

Também não concordo quando se diz que, há 40 anos atrás, as pessoas não tinham exata noção dos seus direitos. Não é verdade. As greves, desde a primeira, de 1917, até aquelas ocorridas em períodos autoritários, são a maior prova de que havia consciência. A consciência dos direitos não se manifesta única e exclusivamente através do ajuizamento em um processo judicial, cujo resultado é imprevisível e não se sabe quando terminará.

U. I. – A que o senhor atribui esse agigantamento da Justiça do Trabalho e o enfraquecimento do papel dos sindicatos?

A. P. – O que houve foi a multiplicação de entidades sindicais, que foram se distanciando dos trabalhadores. O sindicato existe mais em função do dirigente do que da sua representação. A taxa de sindicalização é baixa. Um sindicato que não tem o apoio vigoroso dos trabalhadores que representa, como pode ser bom interlocutor? O jovem não procura o sindicato e o sindicato não se identifica com os grandes temas da classe trabalhadora. O próprio PT e Lula reconheceram isso: houve a pulverização do movimento sindical profissional

Justiça do Trabalho

no país. Não sou marxista, mas qual foi a conclamação do Marx? "Trabalhadores de todo o mundo, uni-vos". No Brasil é "trabalhadores brasileiros, dispersai-vos".

U. I. – A discussão sobre uma reforma trabalhista no Brasil é recorrente. Quais seriam as bases dessa reforma?

A. P. – Temos excesso de legislação na área do trabalho e nível elevado de insegurança jurídica. Quando me dizem que temos que enxugar direitos, digo que não, não partiria daí para a reforma trabalhista. Partiria em busca da segurança jurídica. Não se discute redução de direitos, fim de 13º salário, férias, adicional de hora extra, nada disso. Precisamos de reforma trabalhista que garanta segurança jurídica ao empreendedor. O grande fator de multiplicação de processos não é a tomada de consciência do trabalhador, é a insegurança jurídica. Temos dois fatores: primeiro, o processo, que é caríssimo, mas o assalariado ajuíza sem riscos, de graça. Às vezes diretores de empresa ajuízam ações trabalhistas e pedem justiça gratuita; segundo: o advogado alinha 20 pedidos na inicial, na expectativa de que dois ou três venham a ser julgados procedentes.

O que impede o empregado demitido, que recebeu tudo a que tinha direito, de abrir processo, não obstante tenha dado ao empregador o recibo de quitação? Nada. O empregador terá a despesa, pelo menos, para contratar advogado e ir à audiência. Ainda que seja para demonstrar que não deve nada. O sistema jurídico ideal é aquele que dá segurança. O direito não existe para fazer justiça – se possível, para fazer justiça –, mas, sobretudo, para garantir segurança. A lei que não oferece segurança, não cumpre o seu papel.

Entrevistas

U. I. – Qual a consequência prática dessa insegurança jurídica?

A. P. – Estou preocupado em virtude da globalização. O Brasil enfrenta problemas seriíssimos de concorrência. Não posso analisar o direito desligado da realidade econômica. O exemplo mais evidente é a China. Diante da incapacidade que o Brasil tem de concorrer com a China, diz "lá o trabalho é escravo", "lá o salário é baixo", "lá o governo é autoritário". O que precisamos ter em mente é que não vamos conseguir mudar a China. Nós podemos mudar o Brasil. Nem os EUA conseguiriam mudar a China, tanto que buscam estabelecer *modus vivendi* com ela.

O Brasil mandou recentemente 300 empresários para lá, com a presidente Dilma Roussef. Foram ensinar a China ou aprender com a China? Creio que nós temos mais a aprender do que a ensinar. Não significa apanhar a realidade chinesa e transpor para o Brasil, mas precisamos entender que não conseguiremos afastar a China do mercado, e que o consumidor não compra por patriotismo, compra movido pela necessidade ou pelo desejo, e vai buscar o que lhe for mais acessível e de melhor qualidade.

O custo mais elevado em qualquer processo produtivo é o da mão de obra. O que espero é que se aumente o nível de segurança jurídica, sobretudo em função do pequeno empresário, responsável por uma quantidade gigantesca de empregos. As grandes empresas, com mais de mil empregados, representam 0,05% do total. O que realmente movimenta a economia é o pequeno empreendedor, que está sujeito aos rigores da lei da mesma forma que uma grande multinacional. Daí porque a taxa de mortalidade infantil das pequenas empresas é elevadíssima. O sujeito não consegue arcar com os custos e lidar com a insegurança.

Justiça do Trabalho

U. I. – Um grande fator de críticas à Justiça do Trabalho é quanto ao seu o protecionismo, porque ela parte do pressuposto de que o trabalhador é parte mais frágil da relação de trabalho. Qual sua opinião a respeito ?

A. P. – Não é ela quem diz, é a lei. A lei se baseia no princípio falso de que todo trabalhador é relativamente incapaz. O sujeito pode ser um gênio, mas, se tiver carteira assinada, para os efeitos da lei, é relativamente incapaz. Exemplo: um grande jornalista se cansa de trabalhar no jornal e monta assessoria de imprensa. Para ele prestar serviço, precisa emitir nota fiscal. Ele se estabelece como empresário do setor de comunicações, cria empresa e passa a emitir nota fiscal. Essa figura é prevista pelo Código Civil, o famoso PJ. Mas diante do Direito do Trabalho, o PJ é um infrator. Um médico que seja PJ é infrator, o advogado é um infrator, o jornalista é um infrator. Mas é infração pela qual quem será acusada é a vítima, que é o tomador do serviço, que pagou tudo quanto foi combinado, mas continua sujeito a sofrer processo em que se pedirá relação de emprego. E a Justiça concederá, porque o empregado é relativamente incapaz, hipossuficiente que não sabia o que estava fazendo, por muito dinheiro que houvesse ganho como PJ.

É mais ou menos o que se passa com a terceirização. É prática comum, habitual. O governo pratica terceirização, mas o Ministério Público do Trabalho não aceita, e a Justiça do Trabalho condena.

U. I. – A terceirização não é um fator de precarização das condições de trabalho?

A. P. – Do lado do meu escritório há um prédio em construção, feito à base de terceirização. Quando a incorporadora resolveu

Entrevistas

construir o prédio e se interessou pelo terreno, terceirizou a compra, ou seja, contratou corretores que foram à cata dos proprietários, solucionaram as questões burocráticas, acertaram preços etc. Comprados os terrenos, precisava demolir as casas e remover entulho, o que foi feito por empresa terceirizada. Em seguida, precisava fazer a sondagem do terreno, atividade especializadíssima, e contratou terceirizada. Concluído o estudo do terreno, preparou o subsolo (nesse prédio são cinco subsolos), contratou empresa especializada para remover a terra e levá-la a outro lugar. Preparado o terreno, fez as fundações, com máquinas bate-estacas especializadas. Feitas as fundações, começa a subir a construção, com uma concretagem terceirizada. Encurtando a conversa, com o prédio pronto, quem vende os apartamentos? São corretores. Terceirizados. Não é mais possível pedir a uma incorporadora que faça da compra das casas e do terreno até a colocação dos banheiros.

O mundo moderno é assim. Já foi diferente no passado. Quando construíram o Edifício Martinelli, no Centro de São Paulo, talvez fosse diferente. Como vamos lutar contra a realidade? O próprio governo petista, tão contra a terceirização, rendeu-se à terceirização. Isso precariza? Não necessariamente. Se a empresa que faz a concretagem paga os funcionários, que precarização há? Uma mão de obra cara, um mestre de obra ganha R$ 9.000, acabada a obra ele vai para outra. Qual a precarização?

Sabe o que é a coisa mais precária no Brasil? A Constituição, que muda a todo momento.

U. I. – Em uma entrevista ao Roda Viva, em 1987, quando ainda era ministro do Trabalho, o senhor disse que via com cautela a derrubada do imposto sindical. Ainda pensa assim?

A. P. – O que quis dizer é que não acreditava no fim do imposto sindical. A minha opinião continua a mesma. É algo muito difícil de acontecer. Não que ele seja coisa boa. O imposto sindical é responsável pelo peleguismo. Além de ser uma medida autoritária, típica do Estado Novo, porque pago por associados e não associados. Isso é inaceitável. No regime democrático, a pessoa tem liberdade de filiação a uma associação ou a um clube. Tem liberdade religiosa, tem liberdade partidária. Só na questão sindical não há liberdade. Já não há liberdade de escolha, porque é sindicato único, e não tem a liberdade de não pagar a um sindicato ao qual ele não pertence e não quer pertencer. Mas acabar com ele seria algo muito difícil. A resistência, sobretudo do setor patronal, seria grande. Proponho que o imposto sindical continue, mas que o dinheiro vá para o Fundo do Seguro-desemprego. Seria aplicação mais nobre do dinheiro. Ele será fiscalizado, porque a CLT, a meu ver, foi recepcionada pela Constituição de 1988 quanto à destinação da contribuição sindical, em que os sindicatos patronais podem gastar e em que os sindicatos laborais podem gastar. O problema é que ninguém presta contas, não há fiscalização.

U. I. – E os sindicatos teriam que fazer seu financiamento através dos associados?

A. P. – Exato. Como acontece com qualquer pessoa jurídica de direito privado.

Entrevistas

U. I. – Na época dessa entrevista ao Roda Viva, o senhor, como ministro do Trabalho, enfrentava diversas greves após o fracasso do Plano Cruzado. Muitas delas no setor público, e já se discutia o direito de greve do funcionalismo. Até 2011, o Congresso ainda não havia regulamentado a questão. Afinal, funcionário público deve ter direito a greve? Como ficam os serviços essenciais?

A. P. – Tem direito porque está na Constituição.

U. I. – Por que não é regulamentado?

A. P. – Por causa da impopularidade que isso pode trazer. A lei deveria ser feita e não se faz pelo receio da impopularidade, de dizer a uma categoria inteira de funcionários públicos que eles não podem fazer greve. E se fizerem serão exonerados ou terão os dias descontados, algo que nunca acontece no Brasil. Até o Lula, em sua iluminada sabedoria, percebeu isso, que greve no setor público é férias.

Fernando Henrique Cardoso encaminhou projeto muito mal feito e o deixou congelado no Congresso. Alguns deputados apresentaram propostas oportunistas. Mas essa é lei de delicada feitura, que precisa atender ao que diz a Constituição: termos e limites. Porque as atividades de serviço público são, por natureza, essenciais. Não fossem essenciais, não deveriam ser prestadas pelo Estado. Mas há atividades dentro do setor público que são ainda mais diferenciadas. Por exemplo: Polícia Federal, Previdência, magistratura, Ministério Público, Polícia Civil, o pessoal que combate a dengue. Se a orquestra municipal fizer greve, ela deverá respeitar os limites da lei. Certas atividades simplesmente não podem parar. E mesmo na iniciativa privada a lei dispõe que deverão ser observados os serviços que atendam a necessidades inadiáveis da população. Por isso, no fim do ano, os

Justiça do Trabalho

aeronautas tentaram fazer greve, mas o TST fixou multa milionária e determinou o contingente que deveria continuar em serviço. Não é possível colocar o interesse de três mil pessoas ou de dez mil acima do interesse da sociedade em geral.

O funcionário público quando for fazer greve precisa entender que ele é pago com verba orçamentária, e que nem o governador do Estado, nem o presidente da Assembleia, nem o presidente do Tribunal de Justiça têm autonomia para aumentar salários. Se uma categoria de servidores públicos quer pedir reajuste salarial, ela deve reivindicar com pelo menos seis meses de antecedência, para que se possam fazer as alterações no orçamento, com um projeto de lei enviado ao Legislativo. Isso sem falar que, no setor público, qualquer alteração nos vencimentos produz um efeito em cascata. Se dou aumento para o juiz, o promotor também vai querer, e o delegado e o servidor também querem.

U. I. – Diante dessa omissão do Congresso e do Poder Executivo, a decisão do Supremo de aplicar ao setor público a lei de greve da iniciativa privada foi adequada?

A. P. – É medida de emergência, mas não é correta. Porque a lei do setor privado não proíbe determinados segmentos do setor público de fazerem greve. Primeiro ocorre a greve, para depois a Justiça ver o que se deve fazer. A lei deve dizer antes quem pode (e em que condições) e quem não pode parar. Também neste aspecto nós precisamos de lei que garanta segurança. O aposentado não pode estar em casa, esperando o dia de receber o benefício, para, no dia seguinte, sem prévio aviso, a Previdência parar. O mesmo vale para médicos, ou para a Polícia Federal nos aeroportos.

Entrevistas

U. I. – **Em 2004, a Emenda Constitucional 45 ampliou a competência da Justiça do Trabalho para atender também aos casos de relação de trabalho e não mais apenas de relação de emprego. Muitos processos ainda enfrentam conflitos de competência com a Justiça comum. A emenda trouxe mais problemas do que soluções?**

A. P. – A emenda criou zona cinzenta que vem sendo resolvida pela jurisprudência. Acredito que levará muito tempo para se definir qual a relação de trabalho que pode ser discutida pela Justiça trabalhista. Por exemplo, um advogado que não recebe os honorários advocatícios deve recorrer à Justiça do Trabalho ou à Justiça comum? E o maestro de uma orquestra que trabalha como PJ? Hipossuficientes eles não são, e a Justiça do Trabalho não pode esquecer que existe para atender os hipossuficientes ou aqueles com relação de emprego formal. A emenda 45 tem aspectos positivos. Um deles, que a Justiça do Trabalho reluta em aceitar, é o fim do poder normativo, que era desvirtuação da justiça, porque arbitrar não é julgar. A arbitragem só existe se ambas as partes estiverem de acordo em submeter o dissídio coletivo ao crivo do Poder Judiciário, o que é inegavelmente mais democrático.

U. I. – **E não seria o caso de uma lei dizer qual relação de trabalho cabe à Justiça Trabalhista, para evitar esse conflito de competências?**

A. P. – Não vejo como fazer por meio da lei. Teria deixado tudo como estava, em nome da segurança jurídica. Todo mundo sabia qual a competência da Justiça do Trabalho, e a da Justiça comum. Hoje não existe essa segurança.

U. I. – **É opinião praticamente unânime que, hoje, o grande problema da Justiça do Trabalho é a fase de execução. Como solucionar**

os cerca de três milhões de processos de pessoas que já tiveram seus direitos reconhecidos e não conseguem receber?

A. P. – O problema foi em grande medida resolvido através do convênio Bacen Jud, que assinei com o então presidente do Banco Central, Armínio Fraga. A penhora online. Tem havido excessos, mas o resultado é extremamente positivo. A dificuldade da execução ocorre, obviamente, quando a pessoa não tem dinheiro ou quando não tem bens a serem executados. A penhora online, juntamente com a desconsideração da pessoa jurídica, foi grande desestímulo ao desvio de bens. Mas, como em todo conto do vigário, o espertalhão encontra meios de iludir as pessoas e a Justiça. A debilidade do sistema de penhora online é a falta de regulamentação. Precisamos de lei que diga em quais casos ela se aplica, quais os seus limites e em que hipóteses podemos aplicar a desconsideração da pessoa jurídica, para evitar abusos nos bloqueios de contas.

Um sistema processual perfeito, não vamos conseguir. Vejo muita gente falando em reforma dos códigos, como se o problema da morosidade estivesse nos códigos. Não está. O problema está nos cartórios, nos juízes, nos tribunais e, muitas vezes, na omissão das Corregedorias. O CNJ, que veio através da Emenda 45, é a tentativa de se criar uma "supercorregedoria". Mas à qual continuam imunes os tribunais superiores e o Supremo, embora haja morosidade nos tribunais superiores e no Supremo.

U. I. – E mesmo nos tribunais estaduais há uma reação contra essa atuação de "supercorregedoria" do CNJ.

A. P. – O que mais preocupa o juiz é a obrigação de prestar serviços com afinco. O prazo não pode ser apenas contra a parte e o advogado. O prazo deve ser também obrigação do juiz.

Entrevistas

U. I. – Para finalizar, gostaria de repetir a primeira pergunta. O senhor é bastante crítico à Justiça do Trabalho, mas o fato de termos uma Justiça especializada não foi positivo em algum aspecto?

A. P. – Sem ela, teria sido pior. Porque a Justiça do Trabalho, de uma maneira ou de outra, exerceu um papel educativo. Quando comecei a advogar em São Paulo, há 50 anos, o clima nas empresas era de opressão. As empresas ainda não haviam aprendido a reconhecer a importância do trabalho humano. Estávamos há pouco mais de sessenta anos do fim da escravidão, havia preconceito de raça, e contra a mulher. O empresário era um homem improvisado, um homem ousado que foi capaz de fazer fortuna. A partir das décadas de 1960 e 1970 começam a chegar as empresas estrangeiras, com outra visão a respeito da força de trabalho. Traziam outra experiência de relação sindical de seus países, e sabiam que a fábrica em que as pessoas se encontram razoavelmente satisfeitas é mais produtiva do que a fábrica onde todos se sintam terrivelmente explorados.

As relações de trabalho evoluíram, mas a legislação se atrasou. Ela não foi capaz de acompanhar a evolução que se verificou no mundo e no Brasil. Precisamos fazer esse esforço de atualização, não para reduzir direitos, mas para aumentar o nível de segurança e de competitividade da economia brasileira. Esse esforço esbarra em um obstáculo muito forte: o escudo ideológico que se criou em torno da CLT. Quando se fala em reforma da CLT, alguns partidos aparecem na TV com serra elétrica destroçando a carteira profissional. Não é nada disso. Não podemos continuar a ter um código do trabalho que pese um quilo e meio. Há a necessidade de simplificação dessa legislação, para que ela seja mais objetiva, para que ofereça segurança.

Justiça do Trabalho

Em torno da legislação trabalhista foi criada uma rede muito poderosa de interesses que vive em função da insegurança jurídica. A insegurança gerou enorme mercado de trabalho. Existe um documento em circulação no Brasil mais atrasado, do ponto de vista tecnológico, do que a carteira profissional? Não. Hoje temos cartões magnéticos para tudo, mas não para servir como documento de identidade profissional. Porque mexer com a carteira de trabalho provoca discussão ideológica, como se os trabalhadores fossem enormemente prejudicados.

Luiz Philippe Vieira de Mello Filho

"O PAPEL DA JUSTIÇA DO TRABALHO é tentar estabelecer um patamar mínimo de civilidade nas relações entre o empregado que presta sua força de trabalho contra o empregador que se aproveita dessa força de trabalho para obter o lucro ou exercer o comércio", comenta Luiz Philippe Vieira de Mello Filho, mineiro, 50 anos. Ministro do TST desde 2006, ele conta que nunca quis ser juiz de direito, sempre quis trabalhar com as relações de trabalho. "É visão de mundo, opção de vida", conta nesta entrevista.

Formado pela UFMG (Universidade Federal de Minas Gerais), Vieira de Mello é responsável por um projeto do TST de recuperar a história do tribunal e a da Justiça do Trabalho, que comemorou seus 70 anos de existência em 2011.

Em 2007 chegou ao TST para trabalhar durante seis meses, como juiz convocado. O magistrado foi reconvocado seguidas vezes, até que, em 2006, assumiu uma cadeira como ministro do Tribunal. Sobre a reforma da CLT, acredita que deva acontecer no plano coletivo: "O direito coletivo foi concebido na CLT dentro de uma organização do Estado que não existe mais. Havia uma intervenção muito grande do Estado nos sindicatos. Hoje, já se revela insuficiente essa forma".

Antes de chegar ao TST, foi juiz do trabalho substituto do TRT de Minas Gerais, atuando nas Juntas de Conciliação e Julgamento de Belo Horizonte (MG). Em 1988, por merecimento, chegou à cadeira de presidente da JCJ de João Monlevade, no mesmo Estado.

Posteriormente, foi presidente também das juntas de Belo Horizonte, Ouro Preto e Uberaba.

Foi convocado para a 5ª Turma do TRT em 1998 e promovido, depois, como juiz integrante da corte.

Vieira de Mello fala sobre reforma sindical com a segurança de quem foi relator do Fórum Nacional do Trabalho para discutir a questão durante o primeiro governo Lula. Além disso, foi um dos membros do Grupo de Diretrizes Básicas da Reforma Trabalhista, da Secretaria Especial de Desenvolvimento Econômico e Social da Presidência da República.

Leia a entrevista na íntegra:

Última Instância – O senhor pode contar como é esse trabalho que está fazendo agora de recuperar a história do TST. Como é esse projeto?

Luiz Philippe – O presidente do tribunal, ministro João Oreste Dalazen, quando da comemoração dos 70 anos da Justiça do Trabalho, editou uma resolução no sentido de incentivar a instalação de uma comissão para recompor a história da Justiça do Trabalho. Temos verificado que isoladamente alguns tribunais têm atuado no sentido da recuperação da história, mas não há um trabalho conjunto e uniforme de maneira que se produza como um todo e com uma visão global do papel da importância e da história da Justiça do Trabalho. Essa iniciativa é extremamente louvável, porque não se pode conceber a existência de uma instituição se não se sabe porquê, quando, em que contexto ela foi constituída e como ela evoluiu ao longo do tempo.

Entrevistas

A preservação de documentos, fotografias, depoimentos constrói uma linha de atuação da Justiça do Trabalho e a inserção dela no contexto jurídico do país, porque ela vem justamente quando se rompe com uma cultura colonial e se atende ao interesse de uma massa proletária. E, numa dimensão muito maior, quando se atribui à Justiça do Trabalho competência inclusive para reparação de danos morais, ela vem estabelecer um novo patamar civilizatório nas relações entre o empregado e o empregador.

Hoje se tem o trabalho como um elemento constitutivo da dignidade e da própria essência do ser humano. O nosso futuro é uma interrogação muito grande, porque ao mesmo tempo que se quer combater a proteção dada aos trabalhadores, criando um patamar abaixo do qual não se poderia transacionar ou transigir em termos de norma de proteção, quer se chegar a um desenvolvimento que não terá nenhum tipo de reserva quanto aos seus resultados. Ou seja, é autodestrutivo, não tem destinatário como reserva, porque, se eu não tiver mais emprego, não tiver mais nada, o que será a sociedade? É esse o papel do Direito do Trabalho. Afinal de contas, em que mundo nós vamos viver? E de que maneira nós vamos viver e como nós vamos constituir as relações sociais num contexto em que alguns terão tudo, outros terão nada? Nós não estamos aqui num debate ideológico, nós estamos numa reserva distributiva. Em 2010, a Justiça do Trabalho distribuiu 11 bilhões de reais para a massa trabalhadora. Isso é um deslocamento de renda considerável. Não são valores inexpressivos. Isso reverte para a própria sociedade, que investe em bens de consumo, que volta para a própria produção, que faz todo o ciclo girar. É disso que se cuida.

Tratar o homem como coisa, nós vimos na escravidão. Ele era um mero objeto. Na servidão, era um objeto aproveitável. O trabalho livre,

Justiça do Trabalho

que por um aspecto libertou das amarras do seu senhor, por sua vez, revelou uma desigualdade que é inevitável e incorrigível, salvo se o Estado intervir. Esse é o papel da Justiça do Trabalho: tentar estabelecer um patamar mínimo de civilidade nas relações entre o empregado que presta sua força de trabalho contra o empregador que se aproveita dessa força de trabalho para obter o lucro ou exercer o comércio.

U. I. – Em 1997, houve uma tentativa de acabar com a Justiça do Trabalho. Em seguida teve uma outra movimentação que ampliou a competência dessa Justiça. Como o senhor explica isso? Por que houve essa tentativa de acabar com a Justiça do Trabalho e depois a competência foi ampliada e a deixou mais poderosa?

L. P. – É preciso contextualizar esse período em que nós vivemos. Quando se começou a discutir a questão da necessidade da Justiça do Trabalho, vivíamos num contexto mundial em que a economia praticamente acentuava que o capitalismo, na forma como era praticado, chegara a um limite. E, com isso, era preciso adotar novas medidas e essas medidas eram avassaladoras; daí surge o famoso neoliberalismo que dizia que o mercado era prioridade e que o direito não constituía uma barreira para o mercado. A ideia era a precarização das relações de trabalho. E o Brasil, que estava em uma ascensão econômica, via-se com um discurso progressista e de ingresso em uma modernidade econômica, mas de absoluta precarização. Nesse contexto, qual era o primeiro obstáculo a ser removido? Era justamente uma instituição do poder político da Justiça do Trabalho que, pela aplicação de normas cogentes e de ordem pública, impunha um limite àquele capitalismo avassalador, que produzia uma descompensação e uma concentração muito maior de renda, embora visasse uma produtividade maior. Mas,

152

Entrevistas

o resultado que se imaginava na manutenção desse debate era efetivamente a Justiça do Trabalho tentando se sustentar não como instituição em si, mas como uma imprescindível defesa da própria dignidade do trabalhador e do ser humano. Por essas razões, penso que, a par deste debate político que se instalou e desse liberalismo, venceu a prudência, a ponderação e a Constituição. Quando a Constituição ingressa como constituição-cidadã em 1988, elevando a dignidade, ela acaba sepultando um pouco a possibilidade de extinção da Justiça do Trabalho. Com isso, ela foi ganhando densidade ao longo desse período, e com a reforma de 2004 foram introduzidas substanciais alterações no texto, ampliando a competência da Justiça do Trabalho. Na verdade, materializaram-se em 1988, com a entrada em vigor da Constituição, algumas decisões da Justiça do Trabalho que já vinham reservando essa competência. Ao final, a meu juízo, quando se estabeleceu a competência para os danos morais e materiais decorrentes dos acidentes ou das condutas ilícitas empresariais, nós mudamos o patamar civilizatório do Direito do Trabalho, porque era muito comum todo tipo, até pela formação cultural, de violações que não tinham reparações. Esses assédios cometidos pelo empregador, essas violências que eram praticadas no sentido de buscar uma produtividade maior, esse tratamento indigno muitas vezes dos trabalhadores, isso nunca vinha a juízo, porque não tinha como ser protegido.

U. I. – Houve, além de tudo, uma mudança cultural, então?
L. P. – A sociedade passou a ter uma percepção diferenciada, vindo a intervir no dia a dia de todo mundo, uma vez que todo mundo trabalha, todo mundo emprega. Ou você está de um lado, ou você está de outro. E essa é uma relação que apanha mais de 100 milhões

de brasileiros. Qualquer alteração na lei civil, por exemplo, respeita os contratos. Com essa interferência, as pessoas começaram a ficar alertas para o fato de que essa relação [trabalhista] não era uma relação de hierarquia, uma propriedade. Eu não sou o dono da empresa e, por isso, posso fazer tudo. Não. Minha empresa tem uma função social e o trabalho é amparado; ele é ancorado na dignidade. Daí porque eu não posso tratar o meu empregado como se fosse uma mera coisa, um elemento da produção, porque eu sou o dono. Isso vem de um período de colonato, de um período de servidão, de um período de escravidão. Você tem um regime em que eu trabalho para você, mas eu não sou sua propriedade. Você não pode fazer comigo o que você quiser. E nós ainda temos um caminho longo a percorrer no tratamento destas questões que hoje se revelam.

Hoje, toda reclamação tem um pedido de dano moral. Será que o costume não era exatamente o contrário: você infringir a lei porque pensava que poderia tratar o trabalhador como um serviçal seu? Por exemplo, sobre a relação de emprego doméstico, que agora foi objeto de uma convenção, se diz assim: isso é um absurdo porque esse é um trabalho que se dá dentro de uma esfera íntima domiciliar. Mas não é um trabalho? Então eu digo: qual a diferença em prestar serviços domésticos ou você servir seu patrão? Servir o patrão é aquele trabalho doméstico indigno. Prestar serviços domésticos é trabalhar num ambiente familiar. São coisas diferentes. Por que esses trabalhadores não poderiam ter garantias? Quando se busca a erradicação do trabalho infantil, ouve-se argumentos do tipo: é melhor a criança trabalhando do que a criança na rua pedindo esmola. Eu diria assim: não é melhor a criança estudando? E com isso o Estado agindo politicamente para exigir que os pais mantenham seus filhos na escola e não na rua

Entrevistas

trabalhando? Vemos ainda que a desigualdade do trabalho feminino frente ao trabalho masculino é absurda – em termos salariais, em termos de postos de relevância, de confiança. Quer dizer que nós vivemos num mundo igual e que o trabalho é digno, racional e pode-se não ter a Justiça do Trabalho? Não vou nem entrar na questão do aspecto racial, porque a diferença em termos estatísticos é brutal.

U. I. – Isso tudo influenciou sua decisão por trabalhar na Justiça do Trabalho?

L. P. – Eu nunca quis ser um juiz de direito. É por opção mesmo que quis ser juiz do trabalho, por visão de mundo. Um mundo em que todos não precisam ter tudo, mas tem que ter um mínimo. Em toda relação é preciso que haja um equilíbrio, um mínimo de proporcionalidade. Você é dono de uma empresa, a empresa tem uma função social, mas o trabalho não é um produto. O trabalho é exercido por um ser humano. O produto é o resultado do trabalho para o empregador, e é nessa ótica que eu acho que o Direito do Trabalho tem de ser preservado.

São duas coisas que a Constituição enfrenta de forma bem objetiva quando se abre o texto: a primeira são os direitos do cidadão, é o ser. E a segunda são os direitos do ter, os direitos sociais. Como eu posso ter sem ser? Por isso os direitos fundamentais são indissociáveis, porque eu sou um cidadão livre. Eu divirjo de que, quando eu vou votar, eu sou igual. Se eu não tenho casa, se eu não tenho alimento, se eu não tenho emprego, como é que eu vou votar? Qual o meu padrão de consciência para votar? O voto é igual? Ou se alguém me oferecer qualquer coisa eu vou votar nele? E aquele outro que tem casa, alimento, filhos na escola, mesmo que modesto, ele vota igual a mim? O Direito do Trabalho combate a banalização do ser humano. A gente passa pela rua

Justiça do Trabalho

e pensa: "Nossa, mas tem alguém aí no meio da rua, pedindo esmola, tudo bem". O Direito do Trabalho diz assim: não está tudo bem.

U. I. – Um trabalhador pode ganhar o direito de receber uma verba rescisória ou um valor que pode implicar no atraso do pagamento dos funcionários que ainda estão trabalhando. Como é possível harmonizar dois direitos como esses?

L. P. – O princípio constitucional é a valorização do trabalho humano e a preservação da livre iniciativa. Esses são os dois princípios em proteção no texto constitucional e o Direito do Trabalho é exatamente o olho do furacão. Quando se diz que eu vou pagar um trabalhador pelo termo de rescisão da dispensa efetuada, não significa necessariamente que tenha uma correspondência econômica, porque o empregador lança nos seus ativos todos os custos da produção, e ele tem como incluir a possibilidade da dispensa porque a força produtiva, os donos dos bens de produção, tem uma margem de rotatividade que implica necessariamente na dispensa dos empregados. Se tenho margem de rotatividade, por absoluta correspondência, tenho a previsão de uma reserva de capital para aquelas circunstâncias, para suportar aquela rotatividade. Se ela é acima da rotatividade, aí já entro em um outro problema estrutural e organizacional. Nesse caso, seria necessária uma regulamentação da dispensa coletiva, que pode ser praticada em face de uma questão econômica – não de uma questão financeira, que isso é uma outra coisa, mas uma questão econômica, uma questão estrutural.

Hoje você tem a dispensa, tem a rotatividade da mão de obra inerente àquele segmento da produção, mas, com certeza, você tem o capital reservado e que já é cobrado ao final da linha produtiva do consumidor, que ampara essa reserva dessa dispensa. O discurso

Entrevistas

todo é muito maquiado. Não é que se tenha uma tendência para lá ou para cá, mas é que isso faz parte da produção.

A legislação brasileira, ao contrário do que se diz, é uma das mais flexíveis do mundo. Nos EUA, não há legislação do trabalho. Há um mundo de pessoas na informalidade e há um mundo de pessoas que estão formalizadas, mas em que circunstâncias? Presas ao sindicato. Ali, para uma dispensa, é preciso toda uma justificação por meio do sindicato. O argumento pode ser verdadeiro, o resultado é falacioso. É preciso que se estabeleça uma premissa de correspondência real, para que se faça essa análise.

No nosso caso concreto, quando se faz essa dispensa há uma flexibilidade grande, porque ela só é protegida com recolhimento do FGTS (Fundo de Garantia do Tempo de Serviço). O que se paga, em síntese? Férias proporcionais? As férias proporcionais são adquiridas a cada mês trabalhado, então eu não estou pagando por inteiro, na verdade eu estou pagando o correspondente a cada mês. Eu tenho um aviso prévio, se é o empregador quem dispensa, e tenho a indenização sobre o FGTS, que não é algo relevante. Teoricamente, isso me suporta por dois, três meses.

U. I. – A dispensa custa caro também para o Estado?

L. P. – Existe todo um custo social da dispensa, que é o outro lado. Se o empregado adoecer, depois que o empregador o colocou na rua, quem vai pagar é a Previdência? O seguro-desemprego quem paga é o Estado. Há um custo social que o empregador colocou de volta para a sociedade, e somos nós que estamos pagando. A seguridade social e a assistência são custeados pela sociedade, num regime de solidariedade. Então o custo é para os dois lados. No final, quem consumirá? E

Justiça do Trabalho

o quê? Eu vou produzir para quem? O mercado de hoje fia-se no fato de que, globalizando, ele adquiriu outros mercados onde ele possa vender, achando que será suficiente, mas tem muita gente produzindo para um mesmo lugar.

Quando nós vivenciamos essa crise da bolha financeira, e não econômica, o que aconteceu? O Brasil, como uma economia emergente – que se fundava numa distribuição de renda e uma proteção de renda com bolsas-auxílio – e que estava vivendo um regime de emprego bem acentuado, teve renda circulante. Toda aquela crise passou ao largo do nosso país, porque tinha renda. As pessoas tinham dinheiro e tinham liquidez. Os negócios continuaram, o crédito foi incentivado. Naquela altura, investia-se, comprava-se carro, ainda que o grau de inadimplência possa ter se acentuado.

U. I. – Qual foi o papel da Justiça do Trabalho na crise?

L. P. – Nós tivemos, na verdade, até uma redução de demandas. Os empregos estavam estáveis. Uma característica que se revela na Justiça do Trabalho é que quem busca a assistência são as pessoas desempregadas. Pessoas com emprego necessariamente não buscam, porque têm receio da dispensa nesse período. E durante a crise tínhamos uma margem de empregabilidade muito alta. Então não houve uma elevação de demandas trabalhistas. Os sindicatos inclusive passaram a reivindicar aumentos reais no salário. E essa era a grande discussão, porque, se aumentasse o salário, o risco de aumento na inflação era muito grande, e na verdade foi o que se deu. Ali, a tendência era estabilidade mesmo. Preservavam-se os empregos, e ninguém reivindicava. O número de greves que começa a eclodir agora é substancialmente maior do que em 2010, a meu juízo. Em termos

Entrevistas

de demanda, nós estávamos num período bem estável, agora é que eu acho que está acentuando o número de reclamações.

U. I. – O que faz a Justiça do Trabalho ser a mais procurada no Brasil?

L. P. – O universo dela. Ela alcança o informal e o formal. Quem está na informalidade busca formalidade por via da intervenção judicial. Nosso universo acaba sendo um universo de 70, 80 milhões de pessoas. E o trabalho é inerente ao ser humano. Ele afeta a todos nós. A Justiça do Trabalho conseguiu se capitalizar com 24 tribunais e mais de 1.300 varas, e como ela se torna mais acessível porque ela não tem custo, as pessoas vêm a juízo. E com a conscientização dos novos direitos, o trabalhador sabe quais são seus direitos e os empregadores também. E os direitos são importantes – não se está defendendo um ou outro lado, mas a essência do Direito do Trabalho, que acaba afetando a todos.

U. I. – A execução é um dos maiores gargalos, da Justiça de um modo geral, mas da Justiça do Trabalho também. Como resolver isso?

L. P. – Nós começamos à frente e agora estamos atrás. A execução trabalhista era marcada por uma simplicidade no desenvolvimento dos seus atos – seja quanto à liquidação, alienação, expropriação de bens. O Código do Processo Civil, com as alterações legislativas, adota em síntese a essência da CLT com a simplicidade dos atos. Quando se fala em processo sincrético, é aquele em que não há um processo autônomo de execução, mas há a fase de conhecimento de certificação de um direito e de cumprimento, e era mais ou menos isso o que nós tínhamos no nosso procedimento de execução. Só que nós ficamos com a mesma legislação e adotou-se essa forma de cumprimento

Justiça do Trabalho

da sentença obrigando inclusive ao pagamento antes de iniciar os atos executórios sob pena até de multa, e nós continuamos lá atrás. Algumas ferramentas vieram melhorar a qualidade, como o próprio Bacen Jud, aquela penhora online. Mas são insuficientes por vários motivos. A grande tentativa da Justiça do Trabalho hoje é resgatar esse período, mas um dos problemas mais graves é a recorribilidade que impede o trânsito em julgado do título. Enquanto impede, não se pode alienar ou dar realmente a quem de direito aquilo foi conhecido, porque há um efeito sobre a decisão suspensiva que não permite que se tome a necessária providência. Nesse intervalo, o empregador pode desaparecer, o bem pode deteriorar e não se poderá fazer a alienação de dinheiro porque, necessariamente, na provisória, busca-se algum tipo de bem para resguardar a execução. E quando retorna para a efetivação, os bens já perderam sua valia, o juiz tenta fazer nova avaliação, mas aí já se consumou. Agora, o TST, com base em um projeto elaborado por juízes de primeira instância coordenados por um desembargador, levou a exame de revisão e encaminhou como sugestão ao executivo. E está sendo encaminhada uma proposta de inclusão na PEC, a qual o ministro Cezar Peluso encaminhou ao Executivo para que se dê o mesmo efeito à Justiça do Trabalho. Ou seja, os recursos de revista e os subsequentes seriam apenas quase com uma natureza rescindente do julgado, jamais como um recurso tornando como se fosse uma terceira instância e impedindo o trânsito em julgado da decisão. Acho que esse conjunto de medidas pode propiciar uma efetividade na concessão do bem da vida, porque certificar de direito não resolve o problema de ninguém. Dizer que eu tenho uma sentença que me diz que eu tenho direito a isso e aquilo... isso e nada é a mesma coisa. O importante é que eu realmente

Entrevistas

conceda o direito a quem tem direito. Ou seja, é uma alteração no mundo dos fatos, não apenas no mundo jurídico.

U. I. – O senhor acha que a CLT precisa passar por uma reforma?

L. P. – Num primeiro momento, parcialmente. Quando se fala em reforma, pensa-se no direito individual, na supressão de direitos. Eu acredito que ela precisa de uma reforma, e uma reforma no plano coletivo. É muito mais tranquilo. Porque o direito coletivo foi concebido na CLT dentro de uma organização do Estado que não existe mais. Havia uma intervenção muito grande do Estado nos sindicatos. Hoje, já se revela insuficiente essa forma, porque os sindicatos ganharam força, têm até natureza política, mas essencialmente um conceito continua igual: o conceito de categoria profissional e categoria econômica. Esse conceito, a meu juízo, muda toda a história e toda a regra do jogo. Se eu mudar esse conceito, por exemplo, para ramo de atividade, quando eu pulverizei os sindicatos, que são por categoria, eles todos estariam reunidos para uma mesma negociação com um determinado setor econômico. É como se eu mudasse a regra do jogo. Não é o conteúdo que se discute. Vamos imaginar um grande jogador de xadrez, eu tenho dez mesas individuais com jogadores de xadrez. Eu jogo com o primeiro, com o segundo, com o terceiro, todos isoladamente. A minha chance como grande jogador de ganhar o jogo é enorme, porque eu sou *expert*. Mas se eu colocar os dez para jogarem contra mim, a relação vai ser mais igual. E aí eu estou atendendo a um interesse de todos, não a um interesse individualmente porque estou explorando a fraqueza de cada um. Essa, para mim, é a grande mudança, o conceito da regra do jogo coletivo. No momento em que você tiver uma negociação representativa que importe numa

Justiça do Trabalho

consubstanciação de todos os interessados naquele ramo de atividade, com o empregador, as normas vão ser muito mais efetivas.

U. I. – A reforma sindical tem chance de sair? Ela deveria ser feita?

L. P. – É imprescindível. Inclusive participei como relator do Fórum Nacional do Trabalho naquela altura. Mas tem outros pontos que são extremamente importantes. Primeiro: contribuição sindical. Quando falo nisso, estou falando em cifras que você jamais conseguiria. São fortunas que estão na mão de A, de B, de C. E são obrigatórias, ainda que eu não tenha nenhuma representatividade. Como eu tive a inteligência de registrar o meu sindicato na base territorial, eu estou assegurando que você me pague todo o período relativo ao recolhimento das contribuições. É muito dinheiro.

E o que é mais delicado: a questão da representatividade, da legitimidade dos sindicatos pelos critérios existentes hoje. É importante a pluralidade ou nós vamos manter a unicidade? Se tiver que fazer uma reforma, teria que ser na área coletiva. Se esse plano do Direito do Trabalho for alterado, acho até que o direito individual não vai ser atingido, nem precisaria necessariamente. Há uma ou outra regra que está em desuso. Mas no setor coletivo, não, eu estou mudando a regra do jogo para que o jogo seja igual.

U. I. – Recentemente o TST fechou as portas por uma semana para fazer revisão das súmulas, orientações jurisprudenciais. O que isso indica?

L. P. – O fenômeno do trabalho é extremamente dinâmico. Quando o tribunal se propõe a repensar as suas súmulas, significa dizer que

Entrevistas

ele está buscando se fazer contemporâneo. E aquilo que efetivamente não esteja em correspondência ao plano da constituição e do próprio Direito do Trabalho nesta altura, que poderia ser importante em outro contexto, o tribunal buscou fazer uma autoavaliação e uma contenção na edição das súmulas. É importante que se estabeleça uma segurança jurídica. Mas é muito mais importante que essa segurança seja constituída com premissas sólidas. O tribunal tem uma função de uniformizar a jurisprudência do país, mas se os tribunais regionais não uniformizarem a jurisprudência, nós estaríamos tentando uniformizar a jurisprudência dentro dos tribunais e não entre os tribunais. Dentro dos tribunais não se uniformiza jurisprudência, então não se tem segurança jurídica, porque há uma divergência na jurisprudência interna. Então o tribunal está sinalizando o seguinte: se houver divergência dentro dos tribunais, nós não vamos julgar. Primeiro vocês digam qual é o direito aplicável ao caso concreto, qual é a posição do tribunal relativamente àquela questão jurídica. Aí sim, o TST vai verificar se viola a lei ou se há divergência com outro tribunal.

Quando os tribunais tiverem consciência, vai ser uma reação em cascata. O primeiro grau vai dizer: o tribunal já resolveu e o TST já confirmou, então nós não temos que discutir mais. Gerando uma estabilidade no sistema.

U. I. – Quais são os novos desafios da Justiça do Trabalho?
L. P. – O grande desafio são os novos modelos de organização do trabalho. A Justiça do Trabalho vai evoluir conforme a dinâmica da economia, mas não se sabe efetivamente em qual sentido a atuação será permeada. Nos países da Europa que flexibilizaram a legislação, como Espanha e Portugal, o resultado foi desastroso, porque não se

tem economia interna, não se tem uma proteção mínima e não se tem renda, não se tem emprego. Dizia-se que flexibilizando geraria emprego, mas não se gera emprego com a flexibilização. A empregabilidade decorre de investimento em crescimento sustentado, em postos de trabalho, em produção e circulação de renda. É todo um arcabouço muito mais complexo do que um discurso reducionista. Nosso papel é, nesse evoluir da economia, preservar a dignidade do trabalhador. E encontrarmos o caminho, os grandes desafios, no sentido de estabelecer esse equilíbrio, com essa dinâmica, diferente de outros ramos do direito que não sofrem essa influência e instabilidade que o processo produtivo envolve. É esse nosso objeto de reflexão.

Arnaldo Süssekind

EM 1941, ENQUANTO GETÚLIO VARGAS declarava instalada a Justiça do Trabalho, Arnaldo Lopes Süssekind, na época com 21 anos, lançava seu primeiro livro: *Manual da Justiça do Trabalho*. Com 94 anos comemorados em 2011, o jurista construiu sua história junto com a consolidação do direito trabalhista no Brasil.

Nesta entrevista, um dos criadores da CLT fala sobre sua carreira e conta como entrou para a comissão que elaboraria o que ainda era chamado de "código" das leis trabalhistas. "Foi uma grande honra para mim. A comissão debateu temas jurídicos sem paixão política, com interesse apenas doutrinário e brasileiro", conta.

Carioca, Arnaldo Süssekind vem de uma família ligada ao direito. Seu pai foi de pretor (cargo hoje denominado juiz substituto) a ministro, passando pelas cadeiras de juiz de direito e de desembargador. Seu primeiro livro publicado teve o prefácio escrito por um professor da graduação de direito, Joaquim Pimenta, a quem Süssekind credita parte de seu interesse pelas relações trabalhistas, despertado já nos tempos de faculdade.

Com precisão nas datas e nomes, lembra do momento em que foi convidado a integrar o grupo que seria responsável por redigir a CLT. À frente do Ministério do Trabalho, Indústria e Comércio, Alexandre Marcondes Filho subdividiu o órgão em setores: trabalho, previdência social, indústria, comércio, migração e propriedade

Justiça do Trabalho

industrial. Arnaldo Süssekind, então chefe da Procuradoria Regional do Trabalho de São Paulo, ficou responsável pelo setor do Trabalho.

Em 1942, Marcondes Filho procurou o jurista para falar sobre os nomes convidados a compor a comissão que iria redigir a CLT. Eram eles: Rego Monteiro, Segada Viana, Dorval Lacerda e Oscar Saraiva. "Está faltando um: quem está falando comigo", disse o ministro para Süssekind.

Aprovada em maio de 1943, a CLT foi publicada no *Diário Oficial* em agosto, para entrar em vigor em novembro do mesmo ano. "Os empregadores pleitearam o adiamento da entrada em vigor, mas Getúlio ouviu o Ministério, que ouviu a comissão", disse Süssekind, que confessa em tom de riso: "Nós queríamos ver a nossa legislação em vigor logo".

Mais de vinte anos mais tarde, nos primeiros dias de abril de 1964, logo após o golpe militar, Arnaldo Süssekind foi convidado a ocupar o cargo de ministro do Trabalho e Previdência Social, e aceitou. Nomeado por Castelo Branco, o jurista ficou à frente do Ministério por 20 meses, até que tomou posse no TST, em dezembro de 1965.

A possibilidade de assumir a cadeira na Corte surgiu depois que Delfim Moreira Filho, ministro do TST e filho do ex-presidente Delfim Moreira, morreu, em fevereiro. Castelo Branco consultou Süssekind sobre sua vontade de deixar o ministério na época, mas resolveu adiar a nomeação do jurista para dezembro, depois de passadas as eleições estaduais. O ministro deixou o TST por conta de um problema de saúde em 1971, quando se aposentou.

No livro *Arnaldo Süssekind, um construtor do Direito do Trabalho*, escrito por três pesquisadoras da FGV (Fundação Getúlio Vargas), o jurista afirma que a política salarial do governo Fernando Henrique Cardoso foi mais restritiva do que a do regime militar e que a Justiça do Trabalho não tem o mesmo poder de antigamente.

Entrevistas

Hoje, o jurista continua na ativa, formulando pareceres em seu apartamento, no qual uma grande biblioteca tem ampla vista para a praia de Copacabana, no Rio de Janeiro. No dia da entrevista, Süssekind terminava de ler, cuidadosamente, um calhamaço de folhas de um caso sobre o qual foi consultado. "Vamos demorar muito? Preciso terminar este parecer", questionou, antes de esquecer do tempo e fazer um retrocesso por toda a história brasileira desde os anos 1930. Além das consultas, também escreve artigos e atualiza seus livros – um deles, *Instituições de Direito do Trabalho*, já foi editado mais de vinte vezes.

Sobre a relação com Getúlio Vargas, Arnaldo Süssekind conta que o conheceu por intermédio da filha do presidente, que era também sua colega na graduação. "Para Getúlio, os fins justificam os meios. Se ele quer alcançar algo que é saudável e pode integrar seus planos, então os meios podem ser amoldados para que atinjam aqueles fins", conta, usando os verbos no presente.

Leia a entrevista na íntegra:

Última Instância – **Como o senhor decidiu fazer Direito?**
Arnaldo Süssekind – Antigamente tinha o lugar do pretor, que hoje é o juiz substituto. A pretoria era uma comarca menor e tinha competência mais baixa. Meu pai fez toda a carreira jurídica. Foi pretor, juiz de direito, desembargador, ministro. E eu vivi essa vida dele, então não tive dúvida em seguir a carreira de direito. Estudei direito, fui um bom aluno, me classifiquei no vestibular em terceiro lugar, aqui no Rio. O primeiro colocado no vestibular, Sergio Frazão, e eu, terceiro colocado, concorremos logo no primeiro ano para o diretório

acadêmico da faculdade representando o primeiro ano. Você vai dizer: e por que não a segunda colocada? Porque era uma mulher. Você vê que discriminação! Podia ser o primeiro e o segundo, mas foi o primeiro e o terceiro. E eu era o terceiro.

U. I. – Ela não poderia concorrer por ser mulher?

A. S. – Podia, podia concorrer. Mas o grupo fechou com Sérgio e eu. Fomos eleitos para o diretório e desde então fizemos a carreira política também dentro da faculdade. Eu voltei a ser eleito no terceiro ano para secretário geral, que era o principal. Na faculdade nós tivemos muitas lutas políticas. Porque naquela época houve a candidatura de Armando Sales de Oliveira à Presidência da República contra o Getúlio, e aí a coisa se dividiu. Na faculdade sempre tem política. Eu fiz uma boa faculdade, me formei em 1939. Sempre um dos primeiros da turma e com boa amizade, apesar das lutas internas. Mas as lutas eram mais do pessoal integralista, os camisas verdes, que eram a minoria. A maioria mesmo era socialista. Como hoje, diretório acadêmico de faculdade de direito é socialista ou comunista, mas pelo menos socialista.

U. I. – As relações de trabalho despertaram o seu interesse já na época de faculdade?

A. S. – Sim, tive o interesse porque um dos meus professores de Direito do Trabalho foi Joaquim Pimenta. Joaquim Pimenta era pernambucano e comunista, mas comunista não extremado, ele se dizia socialista. Ele foi meu professor de Direito do Trabalho e tão meu amigo que o prefácio do meu primeiro livro – que é o *Manual da Justiça do Trabalho*, que escrevi em 1941 – é dele *(procura o livro na*

Entrevistas

estante, mas pega outro para mostrar). Este aqui é o livro que escreveram três moças da Fundação Getúlio Vargas sobre a minha vida: *Arnaldo Süssekind, um construtor do Direito do Trabalho*. Elas tinham posto: "Arnaldo Süssekind, construtor do Direito do Trabalho". Eu disse: "Não, não. Eu não construí sozinho. E o principal não fui eu". O principal, a meu ver, foi o Oliveira Viana. Ele foi consultor jurídico do Ministério do Trabalho na época inicial. O ministério foi criado com a revolução de 30, por influência, sobretudo, de Lindolfo Collor, que realmente foi o fundador do Direito do Trabalho.

U. I. – Por quê?

A. S. – Ele foi o primeiro ministro do Trabalho. Na época da revolução de 30, ministro do Trabalho era ministro do Trabalho, Indústria e Comércio. O ministério pegava trabalho, previdência, indústria, comércio, propriedade industrial e migração. Eram onze ministérios, hoje são 35. Então, eu dizia que em 1930, feito o Ministério do Trabalho, o primeiro ministro foi o Lindolfo Collor, que já vinha com ideias do Direito do Trabalho.

Naquela ocasião, 1930, não tinha congresso, que só foi eleito em 1934. Tínhamos então decreto legislativo do presidente da República. O Lindolfo Collor já havia preparado dois decretos legislativos que são a gênese da Justiça do Trabalho – um criando as Juntas de Conciliação e Julgamento nos dissídios individuais e outro a Comissão Mista de Conciliação, que era uma comissão competente para tentar conciliar os dissídios coletivos. Havia greve e, então, a comissão convocava as partes, discutia com elas, procurava um acordo. De qualquer maneira, Lindolfo Collor preparou a gênese da Justiça do Trabalho. Por que ele preparou? Porque não foi ele quem assinou.

Justiça do Trabalho

Em 1932, o grupo, sobretudo gaúcho, que apoiava o Getúlio – Flores da Cunha, João Neves da Fontoura, Lindolfo Collor – rompe com ele, porque ele estava resistindo ao que eles queriam: eleições. A revolução foi em 1930, já estávamos em 32 e o Getúlio estava protelando a convocação de eleições. Eles romperam com Getúlio, mas os dois decretos legislativos preparados por Lindolfo Collor foram assinados pelo ministro que se seguiu: Salgado Filho. Ele aproveitou na íntegra os dois decretos legislativos e o Getúlio os assinou. Aí está a gênese da Justiça do Trabalho.

Por que a gênese? Eram órgãos administrativos integrantes do Ministério do Trabalho. Isso foi em 1932. Importante focalizar que, durante a Constituição de 1934, dois deputados já pleiteavam e falavam na Câmara sobre a criação de uma Justiça do Trabalho. Eram eles: Adamastor Lima e Valdemar Falcão, que mais tarde foi ministro do Trabalho. Ambos pleiteavam uma Justiça do Trabalho. Então se estabelece muita celeuma doutrinária sobre se cabia fazer uma Justiça do Trabalho ou se a Justiça comum deveria ser a competente para resolver os casos do trabalho. Enfim, aquela celeuma normal que acontece em face de grandes reorganizações. E essa seria uma reorganização.

Em 10 de novembro de 1937, Getúlio põe abaixo a Constituição de 1934 e cria o chamado Estado Novo. No Estado Novo, a Constituição prevê igualmente, mas de uma forma mais enfática, a criação da Justiça do Trabalho. Em 1941, Getúlio cria a Justiça do Trabalho. Ainda não no Judiciário, administrativa, porém uma organização, já estruturada de forma orgânica. Eram as juntas, os Conselhos Regionais do Trabalho em oito regiões e o Conselho Nacional do Trabalho, que

Entrevistas

hoje é o TST. Essa estrutura orgânica administrativa foi criada em 1941. Em 1946, a Constituição os coloca no poder Judiciário.

U. I. – O que mudou quando a Justiça do Trabalho foi transferida para o Judiciário?

A. S. – As juntas continuaram com o mesmo nome. Os Conselhos Regionais do Trabalho passaram a ser TRTs , como é hoje, e o Conselho Nacional do Trabalho passou a ser TST. Em 1941, a Justiça do Trabalho foi criada e, em 1946, passou para o Poder Judiciário. O que é mais importante? De 1946 para cá, nós tivemos outras Constituições.

A Justiça do Trabalho foi organizada já no início, desde 1941, com autonomia. O ministério não mandava na Justiça do Trabalho. Seus órgãos resolviam por si. Embora fosse previsto uma avocatória pelo ministro, isso durou pouco. Durou pouco porque Getúlio mesmo, por decreto legislativo, pôs abaixo isso, e a Justiça do Trabalho passou então a ser autônoma mesmo. Em 1946, passou a integrar o poder Judiciário, aí já com o nome de tribunal.

A reforma mais recente da EC 45 não só reafirma a colocação da Justiça do Trabalho no poder Judiciário como amplia sua competência. Até então, ela era competente para dirimir, conciliar ou julgar os dissídios individuais e coletivos entre empregados e empregadores. A partir da EC 45, ela passa a ter competência para as ações decorrentes não apenas de relação de emprego, mas de relação de trabalho. Relação de trabalho se distingue de relação de emprego. Não é qualquer relação de trabalho que cai na competência da Justiça do Trabalho, mas de modo geral quase todas. Basta que haja uma dependência entre o prestador de serviço e o tomador de serviço para que essa relação de trabalho seja hoje de competência da Justiça do

Justiça do Trabalho

Trabalho. É a grande novidade recente da EC 45. Ela ampliou enormemente a competência da Justiça do Trabalho. Essa é a história que vem até os dias de hoje.

U. I. – E como o senhor entrou para a comissão que redigiu a CLT?
A. S. – Eu tinha 24 anos. Nasci em 1917. O ministro Alexandre Marcondes Filho, de São Paulo, ao constituir o seu gabinete, chamou o chefe da Procuradoria Regional do Trabalho de São Paulo, que era eu. Embora seja carioca, na ocasião eu era o chefe em São Paulo. Essa bela coincidência para mim fez com que o ministro paulista me trouxesse para o seu gabinete. O Marcondes Filho encontra o ministério com uma competência muito larga, muito ampla, e divide os setores do ministério em seis, cada um com um assessor e ele coordenando. Que setores eram? O nome era Ministério do Trabalho, Indústria e Comércio. Mas cuidava de trabalho, previdência social, indústria, propriedade industrial, comércio e migração. Cada um desses tinha um assessor jurídico do ministro que despachava diretamente com ele e o colocava a par de todos os assuntos. A mim coube o setor do Trabalho. Tudo o que o ministro fazia em matéria de trabalho – seja projetos de lei, despachos – passava pelas minhas mãos. E eu me projetei muito nisso. Fiquei conhecido no meio jurídico o suficiente para ser citado em acórdãos e jurisprudência, palestras. Quando foi resolvido fazer a CLT, o ministro me chamou, porque eu era assessor dele em matéria de trabalho, e disse: "Vamos constituir a comissão que vai fazer o código do trabalho". Ele falava em código.

Ele disse: "O Rego Monteiro tem de entrar, porque é o diretor geral do Departamento Nacional do Trabalho, que é o principal departamento do ministério". Eu disse: "Sem dúvida, até porque é um homem de grande valor". Fiz os elogios pertinentes. Aí ele disse para mim: "O doutor Getúlio, quando me autorizou a fazer a comissão, me pediu para colocar o doutor Segadas Viana, que viajou com ele ao Sul e conversaram muito. O que o senhor acha?". Eu respondi: "É um ótimo nome. Meu amigo íntimo". Tanto meu amigo, que depois fizemos livro juntos. E ele disse: "e então, o senhor o convida e pode dizer que o Getúlio lembrou o nome dele". Aí disse assim: "Na sua opinião, quem é que conhece mais Direito do Trabalho na Procuradoria?". Eu disse: "Dorval Lacerda". Ele perguntou se era parente do Carlos Lacerda, e eu disse que não. Até hoje eu não sei se ele queria com isso vetar ou concordar. Ele disse: "e então, convida-o em meu nome, e ele certamente vai aceitar, para fazer parte da comissão. E o Oscar Saraiva, consultor jurídico do ministério, também tem de ficar, não é?". E eu: "Claro". O Saraiva ficou em parte, porque depois saiu para ficar na comissão da previdência, que estava atrasada. Aí ele virou-se para mim e disse: "Está faltando um". Eu disse: "Quem, ministro?". "Quem está falando comigo." Eu disse: "Eu?". E ele: "Claro! Quem é que você acha que vai me representar lá, que vai me contar o que está fazendo, que vai receber as ordens do Getúlio por meu intermédio? É um assessor meu, tem de ser uma pessoa que trabalhe comigo diariamente, e essa pessoa é você".

Então aí está por que eu entrei com 24 anos para a comissão que fez a CLT. E foi realmente uma grande honra para mim, eu aproveitei bem, porque é uma comissão que debateu temas jurídicos sem paixão política, com interesse apenas doutrinário e brasileiro. Foi muito importante para a minha carreira essa estada na comissão que fez a CLT. Além do título que ficou.

Justiça do Trabalho

U. I. – Como o senhor vê a Justiça do Trabalho no Brasil hoje? Como acompanha a evolução dela no país e o que espera ainda desta evolução?

A. S. – Ela evoluiu bastante. Basta dizer que até a EC 45, a Justiça do Trabalho era competente somente para dirimir conciliando ou julgando as questões entre empregado e empregador. Já com o poder normativo, para criar novas condições de trabalho em dissídios coletivos. A EC 45 amplia a competência da Justiça do Trabalho, porque ela passa a ser competente para a relação de trabalho desde que, por alguma circunstância, o tomador de serviço possa ter uma influência de mando no prestador de serviço. Hoje, a relação de trabalho é da competência da Justiça do Trabalho e relação de trabalho é muito mais comum do que relação de emprego. Não há ainda uma jurisprudência firmada sobre os vários casos que vão surgir para conceituar relação de trabalho da competência da relação de trabalho da incompetência da Justiça do Trabalho. Eu espero que isso vá surgindo. Espero uma evolução grande em proveito da relação de trabalho em geral.

U. I. – Como eram as relações de trabalho antes da entrada em vigor da CLT?

A. S. – Antes da CLT, havia leis esparsas. A CLT é de 1943 e o Direito do Trabalho no Brasil a gente pode dizer que começa em 1930. Em 1932 são criadas as juntas de conciliação e julgamento para julgar questões individuais. No mesmo ano, criadas as comissões mistas de conciliação para tentar acordo por conciliação nos dissídios coletivos, greve. Quer dizer, havia uma greve, o Ministério do Trabalho convocava os grevistas e convocava a comissão mista de conciliação para, em contato, encontrar uma solução. Normalmente

Entrevistas

essa solução se encontrava não na conversa inicial, mas depois que os trabalhadores entravam em greve. Com a greve, forçavam os empregadores a ceder, então havia um acordo que a comissão mista de conciliação fazia. Daí nasceu mais tarde a competência do chamado poder normativo, mas que não existia. O poder normativo passou a existir quando a constituição de 1937 previu este poder. A lei era pouco para prever este poder normativo, não podia fazer isto.

U. I. – O que levou o Brasil, naquela época, a ter esta preocupação com a Justiça do Trabalho? Como foi esta movimentação?

A. S. – A preocupação é simples. Nós já tínhamos algumas leis de proteção ao trabalho, que vêm a partir de 1930, sendo que há leis até anteriores a esta data – muito poucas, mas havia. Então, a partir de 1930, tínhamos leis. A partir de 1932, nós tínhamos órgãos competentes para julgar os dissídios – as juntas e as comissões mistas –, um para julgar e outro para tentar conciliar. Em 1935 veio uma lei importantíssima para o Direito do Trabalho: a lei 62, é a lei que dispõe sobre a rescisão do contrato de trabalho, sobre a despedida injusta. O título dela é: dispõe sobre despedida sem justa causa.

Aí então, cresceu enormemente o elenco de ações a ser submetido à Justiça do Trabalho, porque agora veio essa lei mais importante: a da despedida injusta. A Justiça do Trabalho foi crescendo com o passar do tempo. Aumentava o número de leis criando direitos e a competência já estava prevista na legislação de então. Competência não para criar direitos, isso vem mais tarde, em 1937. A Constituição de 1937 previu o poder normativo. Em dissídio coletivo, as partes não precisavam ir a greve. Podiam ir à greve e depois da greve fazer o dissídio, mas não precisavam. O objetivo era esse, proibir a greve.

Justiça do Trabalho

Aliás, em 1937, proibiu-se a greve, porque dava a possibilidade de ir aos tribunais em dissídio coletivo. Os tribunais com poder normativo dirimiam a controvérsia.

U. I. – A criação das leis trabalhistas e o fortalecimento desses direitos aconteceram também então com intenção de diminuir as greves, as insurreições dos trabalhadores? Era uma maneira de conter esse movimento?

A. S. – Intenção de diminuir os pedidos, não creio que tenha havido. Porque os pedidos teriam que ser feitos mesmo para serem resolvidos em dissídio coletivo. A intenção foi proibir a greve. Pela Constituição de 1937, ficou proibida a greve. Nós tivemos algumas, mesmo proibidas, mas realmente caiu enormemente o número de greves. O objetivo foi: você tem uma reivindicação a fazer? Faz, mas dentro de processo de dissídio coletivo. Porque a Justiça do Trabalho tem poder normativo para resolvê-lo, então não precisa ir à greve.

U. I. – O que, na CLT, causou mais surpresa na sociedade da época? Quando ela foi feita e aprovada, o que mais impactou a sociedade?

A. S. – De um modo geral, ela causou um impacto grande, porque ela veio em bloco, pegando desde o conceito empregado-empregador, no artigo 2º, até os direitos decorrentes da relação de emprego. Apenas não envolvia a relação de trabalho, ainda. Isso é de anteontem, como falei há pouco. Mas a relação de emprego foi um choque. Veio desde os artigos 2º e 3º, definindo quem era empregado e empregador e com isso ampliando ou estreitando a aplicação da legislação conforme a interpretação dos tribunais. Teve um titulo inteiro sobre o contrato de trabalho, pegando as discussões

Entrevistas

gerais: o que é, o que não é. Contrato a prazo, a prazo indeterminado, contrato de experiência. A suspensão, a interrupção do contrato de trabalho, a rescisão com todas as faltas graves – essa já existia na lei 62. O capítulo sob título "Do contrato de trabalho" absorveu o que tinha na lei 62 ampliando muitíssimo.

A CLT aplicada em bloco, de uma hora para outra, foi um salto na legislação do trabalho. Ela foi publicada em agosto no *Diário Oficial* e entrou em vigor no dia 10 de novembro do mesmo ano. Foi um impacto. Muitos empregadores pleitearam o adiamento da entrada em vigor, mas o Getúlio ouviu o ministério e o ministério ouviu a comissão. Nós na comissão mostramos que não havia razão para adiar. De agosto a novembro dava perfeitamente para se adaptar... Um pouco de exagero, foi curto o prazo, podia ser maior. Mas nós queríamos ver a nossa legislação em vigor logo. *(risos)*

U. I. – O senhor acha que a CLT precisa ser atualizada?

A. S. – Ela não está atualizada. Tanto não está que o mundo evoluiu de um modo geral para amparar não só o empregado, mas como também aqueles trabalhadores que sejam admitidos, contratados, para prestar serviço de uma certa maneira dependentes de alguém. De maneira que essa tendência de ampliar o campo de extensão da legislação do trabalho reflete na competência da Justiça do Trabalho.

U. I. – O senhor tirou este livro da estante. Quer comentar alguma coisa?

A. S. – Eu tirei da minha biblioteca esse livro para mostrá-lo, porque é um livro raro. Chama-se *O direito operário* [*Le droit ouvrier*]. É um livro nada mais nada menos que escrito por um dos autores

Justiça do Trabalho

que fez o Tratado de Versalhes. Georges Scelle foi o relator da parte de trabalho do tratado, que pôs fim à Primeira Guerra Mundial. Foi o Tratado de Versalhes que criou o Direito do Trabalho. Antes eram leis esparsas, e o tratado cria a OIT. É bom falar primeiro que o Tratado de Versailles estipula os fundamentos do Direito do Trabalho e em seguida cria a OIT para tratar da aplicação e difusão daqueles princípios. Então, o tratado não só pôs fim à guerra e selou a paz na Primeira Guerra, como criou um órgão que se tornou importantíssimo para estudar aqueles princípios, difundi-los e tratar de implantá-los. O relator disso foi Georges Scelle.

Ele se tornou amigo do embaixador Barbosa Carneiro, que representava o Brasil na Liga das Nações. Era amigo dele. E escreveu esse livro contando o que ele fez para a transformação da legislação do trabalho em Direito do Trabalho, criação da OIT, competência disso, competência daquilo. E ele deu esse livro com essa dedicatória ao Barbosa Carneiro.

E por que o Barbosa Carneiro me deu esse livro? Porque eu, muito mais tarde, fui representante do Brasil na OIT e membro da comissão de peritos. Com isso, eu tinha de ir a Genebra duas ou três vezes por ano. No mínimo duas. E ele me adotou como se eu fosse um filho. Ele, mais tarde, já idoso, com 99 anos, morreu nos meus braços. Eu chegava em Genebra e ele estava me esperando no carro dele, me levava para o hotel, me fazia recomendações. "Olha, cuidado. Não faz isso, não faz aquilo. O pessoal que trabalha aqui tem uma língua!" (*risos*). Foi um pai para mim. Ele morreu e deixou no testamento dele esse livro com essa dedicatória (*escrita de Jorge Selle para Barbosa Carneiro).*

Entrevistas

U. I. – Como foi o trabalho do senhor como perito da OIT?

A. S. – A comissão de peritos da OIT tem a incumbência de dar parecer nos relatórios dos vários Estados membros, que anualmente os respectivos governos têm de mandar procurando mostrar que cumprem cada uma das convenções escolhidas para aquele ano. Isto é, a OIT escolhe, das quase 200 convenções, 30 internacionais que estejam em vigor e sejam importantes para que os Estados membros, em seu relatório anual obrigatório, comprovem que estão cumprindo. Falei 30, mas podiam ser 35, 40, 10, varia muito. Esses relatórios vão para a comissão de peritos. A comissão tinha 11 membros, eu fui um deles durante muito tempo.

Nós recebíamos os relatórios por matéria. Quer dizer, todas as convenções sobre salário, sobre segurança, medicina e higiene do trabalho e férias anuais, vinham para mim. Eu podia ter uma visão geral de como os vários países estavam aplicando aquelas convenções de minha responsabilidade. Eu fazia um parecer que era distribuído a todos os membros e nós debatíamos. A comissão então aprovava a sugestão do relator, no caso eu, de pleitear a modificação da lei tal ou de dizer que está tudo certo. De um modo geral, os relatórios são num sentido que o país está cumprindo, mas muitos não estão cumprindo. E como você descobre isso? É que, além do relatório do pais, as confederações de trabalhadores e de empregadores têm vista destes relatórios e podem opinar. Podem dizer "não, não é assim, está errado". Então temos elementos para fazer a ponderação. É um trabalho bonito e grande. Porque nós éramos onze, só. São 198 países. Cada um mandando seu relatório.

Justiça do Trabalho

U. I. – Na opinião do senhor, quais são os livros mais importantes do Direito do Trabalho?

A. S. – Os meus (*risos*). Olha, eu citaria *Problema de direito corporativo*, de Oliveira Viana. Porque ali se discute a fase em que vai tomar rumo a legislação do trabalho. É muito importante por isso. Tem *As Instituições de Direito do Trabalho*, que está na 22ª edição – por esse fato não há duvida que é importante. Foi escrito por três construtores do Direito do Trabalho, dois dos quais morreram. Os escritores são eu, Délio Maranhão e Segadas Viana. No lugar deles dois, eu fiquei com a parte do Segadas para atualizar. Atualizo a minha e a dele. E contratamos o João de Lima Teixeira Filho para atualizar a parte do Délio Maranhão e a dele mesmo depois das novas edições. Esse é um livro, apesar de eu ser um dos autores, importante. Cesarino Junior, de São Paulo, é bem importante também. Foi um dos pioneiros do Direito do Trabalho no Brasil. É interessante que ele era advogado e médico. Era professor catedrático de Direito do Trabalho da USP e, ao mesmo tempo, médico. Isso lhe dava muito apoio para tratar das questões de higiene e segurança do trabalho. Fico olhando minha biblioteca, e são muitos livros importantes.

U. I. – Como foi o contato do senhor com o presidente Getúlio Vargas?

A. S. – Contato com o Getúlio? Tive muito. Olha ali (*aponta porta-retratos com foto dele com Getúlio*). Alzirinha, filha dele, era secretária dele. E Alzira foi minha contemporânea na faculdade de direito e disse a ele: "Papai, na faculdade tem um aluno que é muito competente, é considerado 'bamba' na turma", para dizer a palavra que ela usou, "e tem brigado lá por sua causa. Ele é getulista. Ele toma sempre seu partido".

Aí ele virou-se para ela e disse: "Me chama esse amigo". Aí ela me levou lá, e eu tive o primeiro contato com ele pessoal, em que ele me fez várias perguntas sobre a legislação do trabalho. Ele passou a me chamar de vez em quando dizendo: "Eu recebi um projeto sobre a sua matéria e tenho algumas dúvidas, gostaria muito de ter esse parecer". Eu perguntava: "Para quando é que o senhor quer?" Ele dizia: "Você faz, quando estiver pronto você manda para a Alzira e ela me traz". Numa das vezes, eu me levantei para me despedir, ele se levantou também – não precisava, porque era presidente da República –, seguiu comigo e disse: "Vamos marcar este encontro, vamos tirar uma foto". É a foto que eu mostrei.

U. I. – Qual a percepção do senhor sobre o Getúlio?

A. S. – Eu definiria dizendo que, para o Getúlio, os fins justificavam os meios. Se fosse preciso tirar um amigo de um cargo para atingir um fim mais importante, ele tirava. Para ele, os fins justificam os meios. Os fins dele, de um modo geral, eram saudáveis. Os meios podiam ser saudáveis ou não. Se ele quer alcançar tal coisa e o fim daquela coisa é saudável, é bom, pode integrar os planos dele, então os meios podem ser amoldados, vamos assim dizer, para que atinjam aqueles fins.

U. I. – Este apartamento, com a enorme biblioteca, sempre foi o escritório do senhor? Como é sua atividade profissional hoje?

A. S. – Eu comprei esse apartamento para transferir para cá a minha biblioteca. Eu tinha o meu escritório na cidade. Depois me casei em segundas núpcias com a minha mulher, que era dona do apartamento

Justiça do Trabalho

03. Vagou o 04. Eu vendi o escritório no centro e comprei aqui. Aqui era mais caro do que na cidade, mas fiquei bem. Eu não preciso ficar na cidade mais, porque eu não advogo. Eu faço advocacia de pareceres. Eu dou pareceres às consultas que me formulam. Essa é a minha atividade lucrativa. O mais são artigos, livros. Tenho vários livros. Daqui até aqui (*aponta com a bengala*) são livros meus, escritos por mim. Esse aqui está na 22ª edição. *Instituições de Direito do Trabalho*, 22ª!

Vania Paranhos

NÃO ADIANTA APLICAR A LETRA FRIA DA LEI e não resolver o problema. Pensando assim, Vania Paranhos construiu sua carreira no Direito do Trabalho preocupada em atender os anseios sociais. Quando advogada, exerceu a profissão na defesa de trabalhadores e sindicatos. Ao se tornar desembargadora do TRT-2 (Tribunal Regional do Trabalho da 2ª Região), em São Paulo, buscou resolver a maior parte dos conflitos através de acordos e soluções efetivas.

Chegou a trabalhar no dia 30 de dezembro, apesar de o restante do tribunal ter fechado as portas, para liberar seguro-desemprego a trabalhadores de ONGs que prestavam serviço para a Prefeitura de São Paulo e não estavam recebendo salário. "Foi uma decisão maravilhosa, ver aquela gente que passou a ter dinheiro para comer um panetone no fim do ano."

Na época, entidades assistenciais prestavam serviços para a Prefeitura, nas áreas de educação. O trabalho era realizado em creches mantidas pela prefeitura através da Secretaria de Educação. As ONGs recebiam, pelo trabalho prestado, subvenção municipal para pagar o salário e todos os custos trabalhistas de seus funcionários, que não eram concursados. Como condição para repassar a verba pública que pagaria os trabalhadores, a Prefeitura exigia que as ONGs apresentassem relatório detalhado de prestação de contas e de diversos documentos.

Justiça do Trabalho

A maioria das entidades passou a não apresentar a documentação completa ou a entregar relatórios com irregularidades. A Prefeitura cortou o repasse e muitos trabalhadores pararam de receber o salário e as demais garantias devidas. O efeito não surpreendeu: greves.

Como a questão envolvia greve por mora salarial, as ações foram para o TRT. Os primeiros processos chegaram às mãos de Vania Paranhos. Algumas ONGs conseguiram fazer acordo no momento das audiências, mas, para aquelas que não apresentavam a documentação, a Prefeitura não aceitava repassar o dinheiro.

Muitos juízes no tribunal acreditavam que a discussão era competência da primeira instância, mas a desembargadora sabia que remeter o processo aos juízos de primeiro grau retardaria muito a decisão e manteve a questão sob sua relatoria no TRT.

Tendo Vania como relatora do processo, a Prefeitura passou a depositar os valores de salário e verbas trabalhistas em uma conta aberta no Banco do Brasil. O tribunal foi liberando o pagamento do salário dos trabalhadores à medida que fossem apresentados os documentos. Além de pagar o valor devido, o TRT liberou também o seguro-desemprego dos funcionários.

O problema das verbas que não puderam ser comprovadas por documento algum foi levado para a primeira instância. Além da crítica de muitos colegas sobre o fato de não ter remetido a causa para o juízo de primeiro grau desde o início, outra questão jurídica era levantada por magistrados do tribunal: se a Prefeitura deveria de fato ser responsabilizada pelo pagamento dos salários.

As notícias que saíram na imprensa e mencionaram Vania durante a época em que foi desembargadora referem-se aos acordos

Entrevistas

conquistados em processos aparentemente complicados. Ela conta que chegou a fazer acordo até em mandado de segurança.

A desembargadora recebeu o primeiro dissídio que chegou ao TRT de São Paulo sobre o Porto de Santos, em 1997. A lei da modernização dos portos é de 1993 (Lei 8.630/93). Antes disso, não havia dissídio sobre o assunto que chegasse ao tribunal. A partir de 1997, esses dissídios foram sendo recebidos pelo TRT, com base na lei. Os trabalhadores envolvidos no processo sob relatoria de Vania eram guindasteiros, braçais, rodoviários e membros da capatazia – responsáveis pela movimentação das mercadorias que chegam ao porto.

Ao se deparar com dificuldades no entendimento da causa, em diversas situações, chamava as partes, abria novamente as instruções. Quando recebeu o primeiro processo sobre portuários do tribunal, arregimentou o gabinete inteiro para que todos fossem a Santos, litoral de São Paulo. Vania Paranhos quis ver de perto como funcionava um porto. "Era uma coisa muito específica, muito complicada, quis ver a situação." O jornal de Santos *A Tribuna* divulgou que a visita dos juízes do TRT Vania Paranhos e Aurélio Carlos de Oliveira estimulou nova tentativa de conciliação.

Foram várias audiências para tentar um acordo, que não foi alcançado. Vania fez o dissídio, como relatora, arbitrando, entre outras coisas, valores e número de trabalhadores para que cada equipe pudesse funcionar. A partir daí, vários dissídios seguiram as mesmas bases de valor e determinação de funcionários, e foram sendo atualizados ao longo do tempo.

Neste momento, não houve greve, ela só veio acontecer depois. Várias questões sobre o porto foram parar com a desembargadora, que critica a legislação sobre o assunto. "A lei é muito falha:

mandava negociar, mas não dava elementos para isto. Ela custou muito a ser implementada."

Seu pai, Rio Branco Paranhos, foi um dos primeiros advogados trabalhistas de São Paulo. O Escritório Paranhos atendia apenas trabalhadores e ficou conhecido por impetrar *habeas corpus* para presos comunistas, segundo os arquivos do Estado de São Paulo. De seus ensinamentos, Vania Paranhos provavelmente tirou a paixão pelo Direito do Trabalho e a preocupação com o lado social de cada causa que julgou. "Ele era um homem idealista, de princípios, e isso me influenciou."

Mas engana-se quem pensa que o sobrenome foi causa imediata de seu sucesso. Ela estudou direito quando já era mãe de quatro filhos. É da turma de 1971 da Faculdade de Direito da USP (Universidade de São Paulo). Como a maioria dos estagiários de escritórios de advocacia, trabalhou carregando processos para o escritório no início da carreira – serviço que ela chama de *"office girl"*. Em 1969, Vania começou a trabalhar no escritório que fora fundado por seu pai em 1937 e que até hoje fica próximo à estação de metrô da Praça da Sé, Centro de São Paulo. Depois de formada, trabalhou no escritório Advocacia Trabalhista Rio Branco Paranhos, com os demais sócios, até concorrer à vaga de desembargadora do TRT-2 pelo quinto constitucional que destina a advogados cadeiras no tribunal.

Não chegou ao TRT na primeira vez em que concorreu ao cargo. Foi nomeada em 1993, durante o governo Itamar Franco (1992-1994), e só deixou a corte ao completar 70 anos, em 2009, por conta da aposentadoria compulsória. Se pudesse escolher, continuaria com o trabalho no tribunal. "Se houver uma outra vida, eu gostaria de

Entrevistas

fazer tudo de novo." Mexe em papéis e em pensamentos sobre a época em que trabalhou como juíza com muita emoção.

Com uma vida dedicada ao Direito do Trabalho, Vania Paranhos lembra com detalhes causas marcantes. Na 12ª Turma do TRT-2, responsável por dissídios coletivos, foi juíza durante uma época em que São Paulo viveu greves no sistema de transportes – metrô, trens, ônibus, portos. A Justiça do Trabalho deveria dar rápidas respostas para resolver situações caóticas na capital paulista e a desembargadora trabalhava até tarde para isto acontecer. Chegou a presidir a SDCI (Seção Especializada em Dissídios Coletivos e Individuais) e acredita que julgar dissídios coletivos requer muita sensibilidade.

A advogada conta que, no final da década de 1990, os juízes viveram dias conturbados por conta de constantes greves. Ela lembra que a seção julgava tudo muito rapidamente. Principalmente quando os processos envolviam greves de trabalhadores em serviços essenciais, como o setor de transportes.

Otimista em relação à Justiça do Trabalho, Vania Paranhos defende que juízes tenham linguagem clara e estejam abertos a receber as partes. A desembargadora recebeu a Medalha Ouro como homenagem do TRT-15 (Tribunal Regional do Trabalho da 15ª Região) pelo trabalho desenvolvido na Justiça do Trabalho.

Leia a entrevista na íntegra:

Última Instância – **A senhora é filha de um dos advogados trabalhistas que se tornou referência no país quando a Justiça do Trabalho ainda estava se firmando por aqui. De que forma isto a influenciou na opção profissional pelo Direito do Trabalho?**

Justiça do Trabalho

Vania Paranhos – Eu respirava Justiça do Trabalho, Direito do Trabalho, porque papai tinha uma vida muito ativa em sindicatos. Em momentos importantes de greve, ele tinha uma liderança muito grande e era muito combativo. Desde pequena o meu sonho era ser advogada e fazer o que ele fazia. Nós o acompanhávamos muito, às vezes íamos junto dar plantão. Em casa, nós vivíamos isso. Ele era um homem idealista, de princípios, e isso me influenciou.

U. I. – Como se desenrolou sua trajetória profissional até assumir o cargo de desembargadora do TRT?

V. P. – Eu inicialmente me casei e não fiz faculdade. Depois de me separar, com quatro filhos, fui estudar. No início da faculdade trabalhei como *office girl* (*risos*) do escritório, trabalhava carregando processo. Depois de formada, fui advogar. Meu pai ficou doente, faleceu, e eu continuei no escritório, com os demais advogados. É uma questão de amor pelo Direito do Trabalho e me emociona falar sobre isso. É uma coisa que eu gosto demais e gostei muito. Dei minha vida para isso (*lágrimas nos olhos e voz embargada*). O escritório tinha uma advocacia essencialmente para o trabalhador e eu advogada para sindicatos.

Depois, passei a viver com outro companheiro, que me incentivou a concorrer a uma vaga no TRT pelo quinto. Eu achava que não tinha a menor condição, mas tanto ele falou que eu acabei concorrendo. Na primeira vez, durante o governo Collor, eu não fui nomeada. Depois, no governo Itamar Franco, eu concorri uma outra vez e fui para o tribunal. Foi então que minha vida mudou completamente: eu adorava fazer aquilo. Comecei numa turma normal, de dissídios individuais, e depois fui convidada a ir para a seção de dissídio coletivo, que atendia dissídios coletivos e individuais.

188

Entrevistas

U. I. – Como foi o trabalho no TRT paulista?

V. P. – Era uma época muito conturbada. Havia muitas greves de transportes e era uma coisa absolutamente nova pra mim. Os processos chegavam na hora do almoço, a audiência era feita, nós fazíamos o voto e íamos para a sessão. A gente saía do tribunal lá pelas 22h30. Foi uma época muito rica. Era greve de ônibus, de metrô. E eu me apaixonei por essa parte do dissídio coletivo. No tribunal, tive a oportunidade de fazer coisas muito boas e que solucionaram vários problemas. O primeiro dissídio do Porto de Santos foi meu. Eu não conhecia nada de porto, então arregimentei meu gabinete todo, fomos para Santos (SP) conhecer o porto. Julguei esse primeiro dissídio e foi uma decisão que chegou a pacificar. Alguns processos importantes dos portuários vieram para mim depois. Tivemos julgamentos da antiga Febem, atual Fundação Casa. Quando eu recebia o processo e sentia alguma dificuldade, eu reabria a instrução, deixava as partes falarem. Às vezes, coisas que você não entendia e não sabia apareciam quando você abria para a parte falar.

Tive outras decisões polêmicas, como uma com ONGs da Prefeitura de São Paulo. Dia 30 de dezembro, eu consegui liberar fundo de garantia e dar o seguro-desemprego para elas e isso causou certos problemas no tribunal, porque muita gente achava que não podia fazer isso. Foi uma decisão maravilhosa, ver aquela gente que passou a ter dinheiro para comer um panetone no fim do ano.

U. I. – A senhora sempre esteve muito ligada ao lado social de todos os processos.

V. P. – O fundamental do Direito do Trabalho é você obedecer rigorosamente à lei, mas também ver a parte social, ainda mais no

Justiça do Trabalho

dissídio coletivo. Não adianta aplicar a letra fria da lei e não resolver os problemas, não resolver o dissídio. Meu gabinete sempre foi aberto às partes, entrava todo mundo. Você tem que deixar a parte falar, chegar mais perto da parte, ser próximo. Eu sempre evitei esse "juridiquês". Você pode fazer uma peça jurídica com simplicidade, com coerência e com clareza, para que qualquer pessoa entenda. Dessa forma, cheguei a fazer acordo até em mandado de segurança. Eu tinha gente muito leal, um gabinete muito coeso trabalhando comigo. Eu trabalhava sábado e domingo, nunca fui para uma sessão sem conhecer a pauta todinha. Tinha muito amor por aquilo.

U. I. – Um acordo em mandado de segurança não é algo comum. Como ele aconteceu?

V. P. – Era um jornalista, que tinha um filho deficiente, e ele foi dispensado. Ele perdeu o plano de saúde e o menino precisava fazer tratamento. Eu trouxe o processo para casa. Era pedido no mandado de segurança que se restabelecesse o plano de saúde dele, principalmente por causa do tratamento do menino. O pessoal do gabinete dizia que não havia fundamento nenhum, não havia fumaça do bom direito ali. Mas, para mim, havia. Eu dei a liminar mantendo o plano de saúde e aquilo gerou uma confusão. As empresas vieram correndo ao meu gabinete. Eu falei: "Vamos tentar um acordo?". Então vieram as empresas, a mãe do menino, o pai, que era o impetrante. A primeira reunião foi um bate-boca danado e deixei-os discutirem. Depois, falei: "Gente, vou adiar para daqui a dois dias e vocês vão me trazer uma proposta de acordo". A coisa caminhou bem, nós conseguimos apaziguar tudo. Eu liguei para o juiz de primeira instancia e falei: "Se eu conseguir o acordo, você homologa para mim ainda hoje?". O

Entrevistas

menino foi tratado e um dia eu recebi um livrinho que ele escreveu. Com o tratamento, ele conseguiu conviver com a deficiência e hoje em dia ele trabalha. O plano de saúde foi mantido por um tempo, até o pai se empregar outra vez. Nesse dia, eu comemorei e o juiz de primeira instância também.

U. I. – O dissídio coletivo se tornou uma paixão?

V. P. – Se houver uma outra vida, eu gostaria de fazer tudo de novo, tal é a paixão que eu tinha por aquilo. Estou agora destruindo boa parte dos meus arquivos e, emocionalmente, isso me toca. Leio cartas que eu recebi de agradecimento. Houve um processo, por exemplo, que liberamos um dinheiro para os trabalhadores e as pessoas vieram agradecer. Cada um tinha comprado um terreninho, uma casinha. Ver isso é muito bom. Em outro caso, eu fiz o Banco do Brasil ir ao tribunal no dia 30 de dezembro realizar um pagamento. Foi uma briga de foice, mas dava uma alegria enorme ver os funcionários todos fazendo alvarás, enquanto o tribunal estava em recesso e no final as trabalhadoras nos agradeceram, nos abraçaram. Era disso que eu gostava, isso era realmente a minha paixão. Via o resultado logo e atendia às vezes centenas de trabalhadores, não um só. Você tem de ter muita sensibilidade quando julga o coletivo exatamente por esse lado social que ele traz. Você não está julgando para uma pessoa, mas para a coletividade toda e isso é muito importante.

U. I. – Esse ano comemoramos, no dia 1º de maio, os 70 anos da instalação formal da Justiça do Trabalho no Brasil. O que o país

ganhou com a criação de uma justiça específica para as causas trabalhistas? O que isso acarretou?

V. P. – Essa decisão pela criação da Justiça do Trabalho foi muito importante. No início, a Justiça do Trabalho era tida como uma "justicinha" e depois ela foi crescendo. Na opinião da própria população, era considerada uma justiça rápida e que atendia os interesses do trabalhador. Institutos da Justiça do Trabalho até passaram, depois, para a Justiça comum, como a conciliação. Ela é, e tem de ser, uma justiça célere. Você vê a quantidade crescente de processos que tramitam na primeira e na segunda instância. Hoje, o nosso tribunal está com 90 e tantos desembargadores, mas na minha época eram 64. É uma Justiça que cresceu muito.

U. I. – Sabemos que tramitam, pela Justiça do Trabalho, uma quantidade enorme de processos. Uma pesquisa do IBGE, feita em 2009, mostrou que as demandas mais levadas por pessoas físicas à Justiça são as trabalhistas. O crescente número de processos trabalhistas, em sua opinião, é algo positivo?

V. P. – Sim. Quando você procura a Justiça do Trabalho, você tem consciência dos seus direitos. Eu acho importantíssimo conhecer os direitos e lutar por eles. Conhecer o seu direito e reivindicá-lo é muito positivo e até melhora a cidadania. Evidentemente que o número de processos complica. Hoje, temos a maioria dos juízes e desembargadores empenhada em julgar o maior número de processos possível e os tribunais superiores têm insistido nisso.

U. I. – Em entrevista, o ex-ministro do trabalho e ex-presidente do TST Almir Pazzianotto afirmou que o aumento da demanda na

Entrevistas

Justiça trabalhista aponta o enfraquecimento dos sindicatos e a falha nas tentativas de conciliação.

V. P. – *Data venia*, eu discordo do ministro. A Justiça do Trabalho está empenhada na conciliação. Antes mesmo de eu sair, quantas semanas de conciliação foram feitas na Justiça do Trabalho? Agora, por que tem tanto processo assim? Não é porque há enfraquecimento dos sindicatos, mas sim porque é muito difícil ter uma empresa que cumpra toda a legislação trabalhista e cumpra a lei corretamente. Eu vejo essa alta procura como algo positivo. Sobre os sindicatos, até hoje temos sindicatos muito fortes no ABC, por exemplo. Isso depende da luta da direção pelos direitos dos trabalhadores e há sindicatos bastante atuantes.

U. I. – A Justiça do Trabalho é muito criticada por empregadores de um modo geral por partir do pressuposto de que o empregado é a parte mais fraca da relação de trabalho e por buscar suprir essa desigualdade. Por sua experiência como desembargadora, este princípio do Direito do Trabalho de fato consegue estabelecer um equilíbrio nas relações de trabalho?

V. P. – Isso não existe mais. Há um tempo você até poderia dizer que o trabalhador seria a parte mais fraca e que ele teria maior proteção, mas eu não via isso no tribunal. A gente julgava em igualdade de condição. Você pode ver que o número de improcedências também é grande. Não existe mais essa questão de ponto mais fraco, parte mais débil da relação. Há igualdade. Eu não vejo esse excesso de proteção para o trabalhador.

U. I. – A legislação acompanhou as mudanças sociais? É preciso que haja uma atualização da CLT?

Justiça do Trabalho

V. P. – Precisa haver uma atualização. A CLT ainda atende a algumas questões, mas outras precisam ser melhoradas, atualizadas. A parte social caminha muito na frente da lei. Essa questão do assédio moral, do assédio sexual, por exemplo: isso evoluiu e hoje em dia há um numero enorme de ações na Justiça do Trabalho nesse sentido. Os acidentes do trabalho também são matérias constantes. Algumas coisas precisam ser revistas. Tanto assim, que eu vi outro dia que o próprio TST fez recentemente uma reunião e reformulou várias súmulas e entendimentos, porque você precisa adequar. Hoje, o processo civil passou na frente do processo do trabalho, quando antes era o contrário. A execução, por exemplo, precisa ser mais efetiva. Muitas vezes você ganha o processo e na hora da execução é uma dificuldade para conseguir receber.

U. I. – Como a senhora mesma apontou, a execução é hoje um dos maiores problemas da Justiça do Trabalho. De que forma isso pode ser solucionado?

V. P. – A execução é onde emperra. Há alguns institutos do CPC (Código de Processo Civil) que podem ser aplicados. Eu aplicava o artigo 475, que é uma multa que você dá caso a empresa não pague. Temos que fazer isso, porque, infelizmente, só se torna efetiva a decisão quando você manda pagar e quando você apena. A Justiça do Trabalho avançou bastante com a penhora online. Hoje em dia já é tudo mais rápido, a execução é julgada preferencialmente e temos caminhado para uma efetividade do processo.

U. I. – Desde o início da criação da Justiça do Trabalho até hoje, muitos direitos dos trabalhadores foram conquistados. Mesmo

Entrevistas

assim, são recorrentes as denúncias de trabalho escravo nas mais diversas regiões do país e de situações de assédio moral nas grandes e pequenas empresas. Quais são os maiores desafios do Direito do Trabalho neste começo de século?

V. P. – Solucionar todas essas questões é o maior desafio. O trabalho escravo é inadmissível e, se você o encontra até em São Paulo, imagine no resto do país. O juiz Moro [José Victório Moro, ex-presidente do TRT-2] sempre falava: "Se revogarem a Lei Áurea, no dia seguinte temos a escravidão estabelecida outra vez". Aí vem a crença de que a Justiça do Trabalho é do trabalhador, não é verdade isso. É que você vê do outro lado coisas incríveis. A questão do menor também é preocupante, você precisa dar condição para ele estudar e não só trabalhar. Uma vez eu estava em plantão no sindicato das costureiras e chegou um bando de crianças. Eu falei: "Todo mundo veio consultar com o filho hoje?". Mas não, era porque havia uma empresa de confecção que empregava menores de 10, 12 anos. O presidente do sindicato, na época, foi tomar providências e foi ameaçado de morte. Hoje em dia, você ainda vê isso, apesar de ser em menor quantidade. Também é preciso ter alguns cuidados com o trabalho da mulher. Sabemos, por exemplo, que há empresas que controlam a gravidez. São muitas coisas que ainda precisam ser estudadas, trabalhadas e aprimoradas.

U. I. – Talvez, então, o maior desafio de todos seja fiscalizar? Esse trabalho cabe, além da própria população, ao Ministério Público, certo?

V. P. – Justamente, hoje não se tem uma fiscalização efetiva, que é precisa. Cabe ao Ministério Público, que tem atuado bastante, e à própria delegacia e ao Ministério do Trabalho fiscalizar.

Justiça do Trabalho

U. I. – A senhora foi desembargadora do TRT-2 que atende São Paulo. Há alguma peculiaridade da Justiça Trabalhista de São Paulo?

V. P. – O que é diferente em São Paulo é o número de processos, de juízes, de desembargadores. É uma verdadeira loucura. Não é bairrismo, mas acho São Paulo uma vitrine, pois tudo acontece aqui. Chega, por exemplo, um dissídio coletivo de greve e você tem de julgar imediatamente. No caso das greves do metrô, por exemplo, você não pode deixar aquilo acontecer por três ou quatro dias, porque a cidade vira um caos. Houve um caso da greve dos coveiros, que foi uma das mais curiosas. Não se enterrava ninguém em São Paulo enquanto aquilo não fosse decidido. No caso dos ônibus ou mesmo os portos também. Se eles paravam, era um caos. Você tinha de julgar aquilo rápido. É uma cidade enorme, tudo acontece aqui em primeiro lugar. Essa é a maior peculiaridade.

U. I. – São Paulo chega a ser uma vitrine. E no caso de corrupção no TRT tivemos então uma vitrine negativa para o país?

V. P. – Vou ser muito honesta, nunca fui assediada, nunca chegou alguém no meu gabinete que tenha me pedido um favor. Houve o caso de corrupção e foi um fato muito complicado para nós, porque até hoje ficou essa marca, essa imagem. A maioria trabalha demais e a nossa vida é só o trabalho – tanto para o juiz de primeira instância quanto para o de segunda. As pautas de audiência e julgamento são enormes e as corregedorias são superatuantes. Você tem que realmente se doar e trabalhar muito para botar aquilo em dia.

E a maioria dos juízes e desembargadores têm zerado seus processos nos últimos tempos. Isso é maravilhoso! O juiz é sobrecarregado.

Entrevistas

Mesmo que você tenha dez funcionários no gabinete, você tem que rever tudo, julgar. É uma vida bem trabalhosa.

U. I. – Apesar de a maioria dos juízes trabalhar bastante e com ética, a senhora falou que ficou a marca deste caso. Como lidar com isso ou apagá-la?

V. P. – Ficou esta marca, mas, com o tempo e com o trabalho, ela vai se dissipando. Com o crédito dado à Justiça do Trabalho, a população vai vendo que é uma minoria que cometeu algum deslize.

U. I. – A atuação da defensoria pública nos processos trabalhistas tem ganhado força – recentemente foi criado um projeto piloto na DPU (Defensoria Pública da União) do Distrito Federal para estabelecer defensores específicos que atuem na Justiça do Trabalho, mas ainda é muito incipiente. O que a senhora acha do trabalho dos defensores na Justiça do Trabalho?

V. P. – Toda vez que eu pedia nos meus processos que a Defensoria Pública atuasse, nunca havia defensor disponível. É uma dificuldade muito grande. Não sei se resolveram isso. Eu sei que não tem como atender todo mundo, eles não dão conta. Muitas vezes eu achava o trabalho de um defensor necessário, mas nunca consegui. Isso é uma pena.

U. I. – A senhora se aposentou no final de 2009. Pretende voltar a advogar? Tem outros projetos?

V. P. – A [aposentadoria] compulsória é quase agressiva quando você está na ativa, bem de saúde, na sua plena capacidade física, intelectual. Eu trabalhava 10, 12 horas por dia sem problemas e, de repente, você tem que sair. Mas é um ciclo que se fecha. Tive muito orgulho e carinho por esse trabalho que desenvolvi e os amigos que fiz. Eu não sei se eu vou voltar a advogar. Eu faço projetos voluntários, um trabalho com cegos e devo fazer agora coisas que eu gostaria de ter feito antes e nunca fiz por falta de tempo. Por exemplo, estou fazendo um curso de culinária, fazendo a universidade da maturidade na PUC. A vida foi muito generosa comigo e agora eu tenho que devolver isso de alguma forma.

Rodrigues Jr.

HÁ QUASE 30 ANOS, José Augusto Rodrigues Jr. terminava o curso de graduação em Direito na PUC-SP. Mesmo antes de pegar o diploma, já sabia o que o esperava no mercado de trabalho: desde os tempos de faculdade escolheu trabalhar com o Direito do Trabalho.

Durante seis anos, trabalhou no escritório Granadeiro Guimarães, especializado em questões trabalhistas, onde certificou seu interesse por este ramo do direito. Em 1983, um ano depois de formado, fundou seu próprio escritório, o Rodrigues Jr. Advogados. Ele conta que se interessou pelo Direito do Trabalho, pois esta é uma área que acompanha a realidade social e abre portas para jovens profissionais. "O Direito do Trabalho é apaixonante, porque você consegue vislumbrar nele situações do seu dia a dia."

No início, o escritório de Rodrigues Jr atendia muitos trabalhadores e algumas empresas. A situação se inverteu. Hoje em dia acontece o contrário. Advogado e fundador do escritório, Rodrigues Jr. acredita que a experiência adquirida com a atuação com empregados possibilita melhor preparo na defesa do cliente. "É possível, muitas vezes, antever ações da parte contrária", explica.

Há anos, ficou responsável pela causa de um executivo que não teve reconhecidos seus direitos pela empresa em que trabalhava. O sustento da família ficou comprometido e, na mesma época, o cliente recebeu a notícia de que estava com câncer. "Paralelamente à questão jurídica, emprestamos nossa solidariedade ao cliente, ouvindo-o e o ajudando

Justiça do Trabalho

em tudo quanto pudemos, inclusive no próprio tratamento médico", diz Rodrigues Jr. Com a defesa feita pelo escritório, o executivo ganhou a ação e recebeu uma indenização significativa. Realizou o tratamento da doença com os melhores médicos e hospitais e hoje vive na Costa Malfitana, na Itália, segundo conta Rodrigues Jr., orgulhoso.

"Há causas com grande complexidade processual, causas em que a questão envolvida é de suma importância para o cliente, e causas que conjugam os dois fatores. Nestas, o trabalho desempenhado passa a ser mais artesanal e personalizado", diz.

Rodrigues Jr. começou a trabalhar com a Justiça do Trabalho quando ela era ainda chamada de "justicinha", lembra. Hoje, orgulha-se do aniversário da Justiça do Trabalho, e diz que o fato de ela ter sido o "primo pobre" das outras Justiças a tornou mais efetiva. "Ela quer e tem a necessidade de mostrar que é boa. E ela é boa."

Localizado no bairro de Perdizes, em São Paulo, o escritório conta hoje com dez sócios. Além do atendimento contencioso, os advogados trabalham também na área consultiva. "As empresas buscam conhecer melhor o direito, a fim de cumprir a ordem legal, sem prejudicar seus trabalhadores e com segurança, para não terem maiores gastos ou gastos desnecessários", explica Rodrigues Jr.

Em 2002, o advogado foi conselheiro da Associação dos Advogados Trabalhistas de São Paulo. Entre 1990 e 1995, foi membro da banca examinadora para o ingresso de candidatos na OAB seção São Paulo, a mesma na qual está inscrito.

José Augusto Rodrigues Jr. é otimista até quando o assunto envolve problemas estruturais que apareceram ao longo dos 70 anos de Justiça do Trabalho. "A Justiça do Trabalho cresceu tanto pelas suas qualidades que, por não ser estruturada para esse grande crescimento, hoje ela enfrenta problemas. Pelas dificuldades, ela traz insatisfações. Se fossem insatisfações irremediáveis, o brasileiro a colocaria de lado e não a utilizaria mais", afirma.

Leia a entrevista na íntegra:

Última Instância – **Como o senhor decidiu entrar e seguir no Direito do Trabalho?**

Rodrigues Jr. – Eu estava ainda careca do trote da faculdade quando comecei a estagiar em um escritório de advocacia que só atuava no Direito do Trabalho. Fiquei os cinco anos da faculdade e mais um depois de formado neste escritório, me encantei pelo Direito do Trabalho e efetivamente nunca quis saber de outros ramos do direito. Até mesmo na faculdade, eu fazia as outras matérias empurrando, tirando processo civil e civil, que guardam uma relação com o Direito do Trabalho.

U. I. – Qual a diferença de atuar no Direito do Trabalho? Quais os desafios que o advogado trabalhista tem de diferente de um criminalista ou de um tributarista, por exemplo?

R. J. – Por ser um direito muito mais novo do que os demais, o Direito do Trabalho acompanha muito a realidade social. Muito mais do que os outros ramos do direito. Além disso, ele é mais democrático para os advogados, porque possibilita que advogados recém-formados possam atuar efetivamente em causas importantes. Isso não ocorre tanto nos outros ramos, nos quais causas importantes sempre vão ser destinadas a advogados famosos, com renome no meio. Eu não tive nenhum pai, avô ou tio advogados, enfim, não tive nenhum padrinho. O Direito do

Trabalho foi um ramo em que eu tive oportunidade – e não só eu, mas outros também até hoje – de ingressar. Por isso ele é democrático.

Tem também esse lado de ele ser volátil, acompanhar a realidade, guardar uma relação importante dentro do capitalismo, dentro desta relação de capital e trabalho. Isto torna o Direito do Trabalho apaixonante, porque você consegue vislumbrar situações do seu dia a dia e que estão no dia a dia de todo mundo. Todo mundo trabalha: como empregado, como prestador de serviço, como empregador. Ou se não trabalha, está ligado a alguém que está trabalhado. O Direito do Trabalho é envolvente por causa disso, a todo momento você está dentro de uma situação que te leva até ele. Fiz uma viagem para fora do país e disse para mim mesmo: "Não vou pensar em trabalho". Mas é impossível, porque a cada momento via situações de trabalho e fazia correlações com o que ocorre no meu país.

U. I. – Foi o fato de o Direito do Trabalho estar presente em situações tão corriqueiras, então, que o encantou?

R. J. – Sem dúvida. Além disso, fui muito feliz com os professores que tive. Hoje, um deles é ministro do TST, é o ministro Pedro Paulo Teixeira Manus. Um grande jurista, um grande juiz, mas acima de tudo foi um grande professor e me deu a matéria que eu mais gostava e gosto, que é processo do trabalho. O Direito do Trabalho, na época que eu comecei, era muito marginalizado e discriminado pelos operadores dos outros ramos do direito. A Justiça do Trabalho tinha o apelido de "a justicinha", era o primo pobre. Com o tempo, se viu que ela era muito importante e de vanguarda. O rito processual estabelecido pelo Direito do Trabalho sempre foi tido como descompromissado,

Entrevistas

sem se valer das boas normas processuais, da boa doutrina processual. O que se viu através dos tempos é que ela era uma norma de processo de vanguarda. Hoje cada vez mais o processo civil copia o processo do trabalho. Muitos falam que a CLT é ultrapassada, mas o que se vê é que ela é extremamente atual, ainda que, evidentemente, mereça algumas atualizações. A CLT é e sempre foi brilhante.

U. I. – A Justiça do Trabalho ganhou importância e o senhor apontou que vários ramos do direito hoje copiam o Direito do Trabalho. Poderíamos indicar a conciliação como um dos institutos que foi trazido do Direito do Trabalho?

R. J. – A conciliação, na CLT, já era o termo obrigatório que, se não fosse tentado, anularia o processo como um todo. Já se via, em 1943, a necessidade desta conciliação, que nem sempre é possível. A tentativa de conciliação é primordial. O Direito do Trabalho já via isso lá atrás e agora os outros ramos estão olhando e dando a devida importância a isso.

U. I. – E hoje, como funciona a conciliação no Direito do Trabalho?

R. J. – A conciliação na Justiça do Trabalho era tão de vanguarda que hoje se mantém a mesma, e consegue continuar sendo de vanguarda. Ela consegue ser atual e os outros estão copiando o que ela prega hoje. A Justiça do Trabalho sempre foi muito acusada de ser desenfreada, avassaladora. Ela sempre teve esta conotação efetiva. Com o passar dos anos, o que está se vendo é que este poder de força que a Justiça do Trabalho sempre manteve, e quis fazer questão de manter e de mostrar que mantinha, só tem feito uma ação benéfica à sociedade. A Justiça do Trabalho ainda é um ramo do Judiciário no qual a população acredita. Dificilmente

Justiça do Trabalho

um trabalhador hoje deixa de pleitear seus direitos em juízo. Em outros ramos do direito, nós cansamos de deixar para lá diversas situações, porque eu não encontro a receptividade que a Justiça do Trabalho dá ao trabalhador. Nenhuma demonstração de força é sempre bem vista pela totalidade dos apreciadores, da população, sempre alguns irão reclamar e, felizmente, quem reclama da Justiça do Trabalho é uma minoria. O que passou a ocorrer é que a Justiça do Trabalho, pela sua própria eficácia, se tornou um grande monstro, um ramo enorme do Judiciário. Aí então, ela passou a ter problemas estruturais. Podemos equiparar ao crescimento da economia brasileira. Hoje, o brasileiro passou a consumir mais, a viajar mais. É ótimo viajar, o governo propiciou esta situação, mas ao mesmo tempo há problemas estruturais. A pessoa pode viajar, mas encontra problemas nos aeroportos, por exemplo. O bom às vezes traz o lado ruim. Foi o que aconteceu com a Justiça do Trabalho, ela cresceu tanto pelas suas qualidades que, por não ser estruturada para esse grande crescimento, hoje ela enfrenta problemas. Pelas dificuldades, ela traz algumas reclamações, mas são insatisfações temporárias. Se fossem insatisfações irremediáveis, o brasileiro a colocaria de lado e não a utilizaria. Mas ela continua sendo usada, continua crescendo.

U. I. – A Justiça do Trabalho, então, é a mais efetiva das justiças? O que faz dela melhor do que as outras?

R. J. – Sempre foi a mais efetiva e espero que continue sendo. Colaborou para isso o fato de ela ter sido o primo pobre. Ela quer e tem a necessidade de mostrar que é boa. E ela é boa. Em segundo lugar, ela lida com um direito muito palpável, real. Isto torna as pessoas muito mais sensíveis – quer quem a procura, quer os próprios juízes. Em terceiro lugar, porque ela é nobre, ela trata de uma das coisas mais importantes do ser humano: o reconhecimento do próprio trabalho, a superação e o ganho para poder suportar as suas despesas, para poder deixar a pessoa mais viva.

U. I. – Qual sua opinião sobre as decisões da Justiça do Trabalho? Elas têm uma tendência? Há quem a critique sob a justificativa de que seja protecionista, que sempre proteja o trabalhador.

R. J. – A Justiça do Trabalho foi criada para ser protecionista. Ela precisa amparar quem precisa de amparo. Ela não foi criada para amparar o capital, porque ele próprio se impõe e se sustenta. Quem precisa de amparo? O trabalhador. Então a Justiça do Trabalho tem que ser protecionista sim, o que ela não pode é ser exagerada neste sentido e eu não acho que ela seja. Há decisões exageradas? Há, mas há também decisões exageradas no sentido de desprestigiar também o trabalhador. Mas estas são decisões de exceção, a regra não é esta. Se a regra fosse esta, ela perderia credibilidade, e ela não perde. Esta pergunta que você fez, há 30 anos, era unanimidade: todo mundo defendia esta ideia de que a Justiça do Trabalho era protecionista, como um jargão. Hoje isto já é uma minoria que pensa assim, e é uma visão completamente caolha de uma situação que não é a realidade. A Justiça do Trabalho hoje está muito atenta à realidade econômica, mas ela não pode se mover pelo lado econômico, ela deve ser movida pelo lado social. Evidentemente, o lado social também não pode abalroar o econômico, eles têm que conviver em harmonia. A Justiça do Trabalho está sabendo seu lugar, inclusive

Justiça do Trabalho

não marginalizando o lado econômico, o que, em um segundo momento, acaba revertendo para o lado social também.

U. I. – O escritório Rodrigues Jr. tem uma atuação também na área consultiva, além da área contenciosa. Como é feito este trabalho na área consultiva? O que as empresas buscam?

R. J. – As empresas buscam conhecer melhor o direito, a fim de cumprir a ordem legal, sem prejudicar seus trabalhadores e com segurança, para não terem maiores gastos ou gastos desnecessários. O escritório deixa muito claro que isto não pode ser motivo de agressão a direitos. Os direitos devem ser observados, respeitados, segundo um parâmetro de razoabilidade que deixe todos confortáveis.

U. I. – Como é a mentalidade das empresas quando se trata dos direitos de trabalhadores? Os empregadores estão dispostos a respeitar os direitos ou buscam formas de burlar estas regras de proteção?

R. J. – A própria realidade do país e a evolução do Direito do Trabalho têm feito a sociedade ver que a burla não só não é saudável, como é burra. Antigamente, havia essa situação de procurar o escritório de advocacia para que ele desse o caminho para os espertalhões. Hoje, já se viu que esse caminho não existe. Esse caminho é uma trilha com um término muito rápido. Uma empresa que se valha de subterfúgios e procedimentos fraudulentos e lesivos com seus empregados vai ter uma vida muito curta. Evidentemente, o empregador quer continuar com seu negócio e ter lucro. Mas hoje, o empregador tem de saber que dentro das despesas dele estão os direitos trabalhistas. Ele vai ter empregados? Há um custo para isso – um custo direto e um custo indireto.

Hoje, ele [empresário] está sabendo disso. Antes, ele sempre se achava o coitado, o extorquido. Percebemos que, muitas vezes, ele montou seu negócio numa realidade já ultrapassada, em que ele não tinha a dimensão destes custos. Quando estes custos apareceram, ele tomou um susto muito grande. O período de transição para que o empresário conseguisse adaptar seus negócios para que, mesmo com os custos, voltasse a dar lucro, é difícil. Mas o empresário já está enxergando isso e não está mais vindo procurar o advogado como alguém que irá lhe trazer uma fórmula mágica, mas alguém que vá orientar para que ele cumpra os direitos trabalhistas dos empregados sem maiores custos. Muitas vezes o empregador mal orientado paga algumas coisas que não é obrigado e deixa de pagar outras a que ele é obrigado. Quando ele é cobrado por isto, sente-se lesado, mas essa é a regra do jogo. Ele deve cumprir o que manda a lei.

U. I. – Podemos dizer então que essa tomada de consciência dos empresários se deu como uma consequência positiva da eficácia da Justiça do Trabalho, que colaborou para uma mudança cultural?

R. J. – Sem dúvidas, e vem colaborando ainda. Mesmo com todas as formas como ela é tratada. Sempre foi tratada como "justicinha", como a protecionista sem freio, sem senso de justiça. O que não é verdade. Aquele jargão que o empregado sempre ganha na Justiça do Trabalho hoje é uma enorme mentira. A Justiça do Trabalho está muito mais parcimoniosa com o empregador também, porque este empregador passou a respeitar. Em função disto, nós temos clientes que têm uma taxa de sucesso em suas ações em torno de 90%.

Justiça do Trabalho

U. I. – Alguns especialistas dizem que as ações coletivas são de vanguarda, são o futuro. O senhor concorda?

R. J. – Eu concordo com isto em parte. Essas medidas tomadas de maneira coletiva, em especial pelo MP (Ministério Público), são de muita valia e têm uma função muito pedagógica. Elas estão levando a um cumprimento muito maior das normas. Antigamente, se uma empresa tinha 100 empregados e três reclamavam de uma determinada situação, se fosse uma empresa voltada apenas para o lado financeiro, ela poderia continuar fazendo tudo errado. Entre o que ela fazia de errado e o número de empregados e de prejuízo que ela teria com esses poucos que reclamavam, olhando pelo aspecto econômico, ainda era benéfico para ela. Com o MP tomando essas atitudes de maneira generalizada, a situação se resolve no atacado. Isso tem ajudado muito. Por vezes, o MP também acaba exagerando em determinadas situações e não sabendo separar o joio do trigo, mas isto também é parte desse aprendizado. Anos atrás, a atividade do MP era muito pequena, mas depois da Constituição de 1988 passou a ter uma postura muito enérgica, inclusive o MPT (Ministério Público do Trabalho).

U. I. – Recentemente o TST decidiu reformular súmulas e orientações jurisprudenciais. Qual sua opinião sobre as mudanças?

R. J. – Eu vejo com muito bons olhos que o TST faça isso com a transparência que vem fazendo. Outrora, essas mudanças eram feitas a portas fechadas e a sociedade acabava não entendendo muitas das decisões do TST nessas questões sumulares. Eu diria até que esse movimento não é de mudança, é de realocação, de aperfeiçoamento na jurisprudência. A jurisprudência é o reflexo da necessidade

Entrevistas

social que a gente atravessa. Vi uma decisão a respeito da terceirização dos serviços de *call center* para empresas de telefonia e o presidente do TST resolveu marcar uma audiência pública para que a sociedade se manifestasse sobre isso. É este lado tão próximo da sociedade que o Direito do Trabalho tem, e esta transparência do TST é muito importante. Uma das causas desta transparência creio que seja a atuação do CNJ. No início o CNJ foi muito criticado, inclusive por mim. Eu entendi inicialmente que o CNJ acabaria tentando intervir no Judiciário de uma maneira que não seria saudável. Hoje vejo que o CNJ, com acertos e desacertos, está trazendo uma transparência muito maior da Justiça para a população.

U. I. – Perguntei isto, porque em uma entrevista para *Última Instância*, um advogado disse que a revisão da jurisprudência do TST gera insegurança jurídica. Ele havia dito que uma empresa pode "dormir mocinha e acordar bandida", com essas modificações.

R. J. – Quando há modificação legal, isto também ocorre. Só que com uma diferença: a jurisprudência é a corporificação de uma tendência de decisões. Essa história de dormir de um jeito e acordar de outro não é uma total verdade, porque quem acompanha o Direito do Trabalho começa a perceber que o passarinho vai cantar. E efetivamente ele acaba cantando. As pessoas não são pegas tão de calça curta. Essa decisão, por exemplo, dos *call centers*, vem se arrastando há tempos. Nós, que acompanhamos as decisões, estamos alertando nossos clientes nesse sentido. As decisões do TST vêm muito pautadas no que os Tribunais Regionais vêm decidindo e depois essas decisões acabam sendo reapreciadas. Evidentemente, o TST tem alguns toques com cunho legislativo que não deveria ter, mas isto talvez exista por necessidade, em virtude da precariedade do legislativo. Ele acaba suprindo a falta do legislativo. Não é correto, mas temos que ver o que é menos ruim.

U. I. – O fato de o TST estar, de certa forma, suprindo a falta do legislativo, indica que a legislação trabalhista precisa de uma atualização?

R. J. – A espinha dorsal da CLT precisa muito pouco de atualização, mas as ramificações, sim, precisam ser atualizadas. Seria um absurdo dizer o contrário. O grande problema, na estrutura normativa do Direito do Trabalho, não está no TST, mas sim no legislativo. O legislativo é quem não cumpre seu papel a tempo e modo, obrigando o TST a exorbitar para sanar esta falha, que não é dele. O judiciário não pode deixar a sociedade a ver navios.

U. I. – Sobre a terceirização: como o senhor a avalia? Ela é inevitável?

Ela é inevitável, mas o problema que enfrentamos não é o da terceirização em si, mas sim da precarização da terceirização. Para que deveria servir a terceirização? Para que houvesse mão de obra mais especializada, mas sem desrespeitar os direitos dos trabalhadores. O problema é a terceirização mal feita, a terceirização para passar por cima de direitos. As coisas já estão melhorando. Tivemos a fase em que a terceirização não era bem vista, depois passamos pela fase "vamos terceirizar tudo". Agora as coisas vão se amoldando. As empresas estão começando a perceber que não pode haver terceirização para desrespeitar direitos. A terceirização vai se tornar pano de fundo, não vai ser o ponto central da discussão. Se os meus direitos, enquanto trabalhador, são respeitados e assegurados, para mim tanto faz trabalhar para a empresa A ou para a empresa B. Não vai ser prejudicial ser um empregado terceirizado. O problema não é a terceirização, mas sua prática precária.

Caderno de imagens

Fabiana Barreto Nunes

Caderno de imagens

Anos 1940-2000

Hermes da Fonseca foi o oitavo presidente do Brasil e governou o país no período de 1910 a 1914. Foi em 1912 que o Presidente criou a Confederação Brasileira do Trabalho

Manifestação operária durante a greve de 1917, no bairro paulistano do Brás: enterro de um grevista morto em choque com a polícia

Manifestação operária em 1º de maio de 1919, no Rio de Janeiro

Justiça do Trabalho

Trabalhadores em construção civil em 1919

Trabalhadores da malha ferroviária em 1923

Construção de uma ferrovia

Caderno de imagens

Ferrovia construída em 1923

Capa da Constituição da República do Brasil de 1934

Justiça do Trabalho

1939 – Vila Operária na Água Branca

1940 – Vargas pedia que os trabalhadores fossem disciplinados e em troca os daria cada vez mais direitos

1943 – Com a CLT, Getúlio Vargas unificou toda legislação trabalhista então existente no Brasil

Caderno de imagens

1943 – Getúlio Vargas em obra do DIP (Departamento de Imprensa e Propaganda) para enaltecer a CLT

1945 – A população não queria acabar com a opressão da ditadura, o controle dos sindicatos e a falta de democracia do Estado Novo

Vargas usou a educação para cravar na mente das pessoas as boas realizações do seu governo, além de produzir mão de obra qualificada para as indústrias

Justiça do Trabalho

1943 – Comemoração do Dia do Trabalho defronte ao prédio do Ministério do Trabalho, Indústria e Comércio. O presidente Getúlio Vargas acena aos trabalhadores da tribuna de honra. Rio de Janeiro (DF)

Comemoração do Dia do Trabalho, 1º de maio de 1943, defronte ao prédio do Ministério do Trabalho, Indústria e Comércio. Vista da tribuna de honra e público presente. Rio de Janeiro (DF)

Caderno de imagens

1955 – JK, recém-eleito, opera a caldeira de fundição para produzir o primeiro bloco de motor da Sofunge destinado à Mercedes Benz do Brasil. É a nova arrancada da indústria nacional

João Goulart em discurso no Sindicato dos Garis com Dr. João Goulart, em agosto de 1956

João Goulart é aplaudido durante discurso no Sindicato dos Garis, 1956

Justiça do Trabalho

Américo Emílio Romi (da Máquinas Agrícolas Romi) e Lúcio Meira (na direção) posam num veículo Romi-Isetta, o primeiro fruto inteiramente nacional de nossa indústria automobilística, 1956

A Mercedes Benz exibe o seu caminhão de número 1000 produzido no Brasil em fevereiro de 1957

Operários na montagem do DKW-Vemag, que seria lançada em novembro de 1956. Ao todo, 68 veículos nacionais sairiam das fábricas nesse ano. A produção em massa começaria em 1957

Caderno de imagens

JK inaugura a fábrica de eixos e transmissões da Willys em dezembro de 1959

Trabalhadores rurais em manifestação para organização de sindicato na década de 1960

1960 – Projetada por Oscar Niemeyer, Brasília ganha vida

Justiça do Trabalho

1960 – Inauguração de Brasília

JK chora na missa de
inauguração de Brasília

1961 – No Rio Grande do Sul o
governador Leonel Brizola torna-se
a primeira voz a levantar-se contra
o golpe e divulga um manifesto
em apoio à posse de João Goulart
durante a Campanha da Legalidade

Caderno de imagens

1964 – As tropas começaram a sair dos quartéis em 1º de abril, data da derrubada de João Goulart

Logo após a queda de João Goulart, os militares envolvidos na instituição do novo regime indicaram o nome do marechal Castello Branco

1968 – O AI-5, decretado em dezembro de 1968, deu plenos poderes ao presidente, suprimiu garantias constitucionais e fechou o Congresso

Passeata dos Cem Mil concentrou uma multidão contra a repressão da ditadura militar

Passeata dos Cem Mil reuniu artistas de diversas classes: Gil, Torquato Neto, Nana Caymmi e outros em prol da liberdade de expressão nas artes

Caderno de imagens

Em 1972, as empregadas domésticas passam a ter direito de ter suas Carteiras de Trabalho assinadas

Costa e Silva ao lado do presidente norte-americano Richard Nixon, em visita aos EUA, em 1971

Engraxates na Praça XV na década de 1970

Justiça do Trabalho

Nas três fotos, repressão invade a PUC de São Paulo.
Professores e estudantes apanharam da polícia e alguns
foram processados por crime contra a segurança nacional

Caderno de imagens

1988 – Presidente da Câmara dos Deputados, Ulysses Guimarães, promulga a nova Constituição

1988 – Chico Mendes, líder dos trabalhadores rurais da Amazônia, morto em 1988

1989 – Primeira greve da USP em 1989

Justiça do Trabalho

Trabalhadroa rural canavieira na Paraíba, década de 1980

Confronto entre operários e soldados do exército durante greve em Volta Redonda, em 1988

Grupo de fiscalização do MTE (Ministério do Trabalho e Emprego) resgata trabalhadores em situação análoga à de escravo

Caderno de imagens

1992 – Desvio de verbas durante a gestão de Nicolau dos Santos Neto, na construção do TRT-SP, Fórum Ruy Barbosa, gerou CPI do Judiciário e projetos para acabar com a Justiça do Trabalho

1992 – População e estudantes pintam os rostos e saem às ruas para pedir o impeachment de Fernando Collor de Mello

Justiça do Trabalho

1994 – Petroleiros iniciam greve Nacional

Lula e FHC. Cerimônia de posse do presidente eleito, Luiz Inácio Lula da Silva, 2003

Plenário do CNJ, órgão de controle externo do Poder Judiciário criado em 2004

Caderno de imagens

CNMP, criado em 2004 para controle externo do Ministério Público

2010 – Carvoarias abrigam grande parte do trabalho escravo

2010 – Cortadores de cana-de-açúcar são alvo fácil para trabalho escravo

Justiça do Trabalho

2010 – Alojamento de trabalhadores em fazenda de trabalho escravo

2010 – Com matéria-prima fruto do desmatamento, a produção de carvão vegetal abastece fornos de siderúrgicas com mão de obra escrava

Trabalhadores rurais sonham com o dia em que todos tenham carteira assinada

Caderno de imagens

Entrevistados   Almir Pazzionotto

1967 – Durante a ditadura como advogado de sindicatos, Pazzianotto ministra palestras para sindicalistas

1968 – Pazzianotto ministra palestra sobre o direito dos trabalhadores em seminário promovido pela FITIM (Federação Internacional dos Trabalhadores Metarlúgicos)

Justiça do Trabalho

1971 – Fiscalizado pela ditadura, Pazzianoto continuava a ministrar palestras em sindicatos

1978 – José Guilhermando, conhecido como Ratinho, Almir Pazzianotto e Lula (Foto: Hugo Koyama)

Caderno de imagens

1979 – Deputado Estadual, Pazzianotto se encontrar com líderes sindicais de São Paulo (Foto: Wagner Berbel)

1980 – Almir Pazzianotto em discurso na greve dos metalúrgicos em São Bernardo do Campo (Hélio Campos Mello)

Justiça do Trabalho

1983 – Governo Franco Montoro e Almir Pazzianotto na direção da Secretaria de Estado das Relações de Trabalho, atrás do Governador de São Paulo, Franco Montoro, ao se pronunciar sobre a manisfestação dos grevistas

1983 – Pazzianotto dialóga com grevistas que tentam derrubar alambrado do Palácio do Bandeirantes

Caderno de imagens

1983 – Pazzianotto na missão, frustrada, de dialogar com vigilantes grevistas

1987 – Pazzianotto então Ministro do Trabalho, na OIT com os ministros J. C. Sitrangulo e O. C. Oliveira

Justiça do Trabalho

2000 – Almir Pazzianotto toma posse para o biênio como presidente do TST (Foto: J. A. Melo)

2002 – Almir Pazzianotto, Presidente do TST, durante assinatura do convênio de cooperação com o Banco Central para fins de acesso ao sistema Bacen Jud

Caderno de imagens

2002 – Almir Pazzianotto, Presidente do TST, durante assinatura do convênio de cooperação com o Banco Central para fins de acesso ao sistema Bacen Jud (Foto: William Maia)

Entrevistados   Arnaldo Süssekind

Süssekind em almoço oferecido por procuradores do trabalho para comemorar sua nomeação como assistente técnico do ministro do Trabalho Alexandre Marcondes Filho, em janeiro de 1942

Justiça do Trabalho

Arnaldo Süssekind na retaguarda do ministro Alexandre
Marcondes Filho durante discurso de 1º de maio de1942,
no Estádio de São Januário (RJ)

1942 – Süssekind (atrás de Vargas) no Palácio do Catete para
entrega do anteprojeto da CLT ao presidente Getúlio Vargas

Caderno de imagens

Capa do único exemplar da CLT autografada por Getúlio Vargas, Marcondes Filho e os quatro autores do projeto

Getúlio agradece Süssekind pela elaboração da CLT em novembro de 1943

Justiça do Trabalho

Süssekind, sentado ao centro, preside a reunião que
escolheu a Canção do Trabalhador Brasileiro, em 1943

1944 – Süssekind no teatro Ginástico Português, onde, todas as segundas-
feiras, havia apresentação do Teatro Operário. Na foto, Marília Süssekind,
o ministro Alexandre Marcondes Filho e Segadas Viana

Caderno de imagens

Süssekind no plenário da Organização
Internacional do Trabalho em Genebra, 1953

Süssekind, ao lado do embaixador Barbosa Carneiro, em Conferência
da OIT em Genebra, 1953

Justiça do Trabalho

O presidente da República, general Castelo Branco discursa durante posse de Süssekind como Ministro do Trabalho e Previdência Social, em abril de 1964

Süssekind recebendo beca de representantes de trabalhadores em sua posse como ministro do Tribunal Superior do Trabalho, em 13 de dezembro de 1965

Caderno de imagens

1965 – Discurso de posse como ministro do
Tribunal Superior do Trabalho

Süssekind durante posse na Academia Brasileira
de Letras Jurídicas em agosto de 1988

Justiça do Trabalho

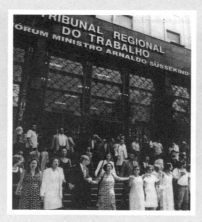

Süssekind em manifestação de juízes trabalhistas contra a extinção da Justiça do Trabalho em 1999

Süssekind em Fórum Internacional sobre Flexibilização no Direito do Trabalho em abril de 2003

Caderno de imagens

Entrevistados — Vania Paranhos

Juíza Vania Paranhos em sua posse no TRT-2, ao lado do então presidente José Teixeira de Carvalho, em 13 de agosto de 1993

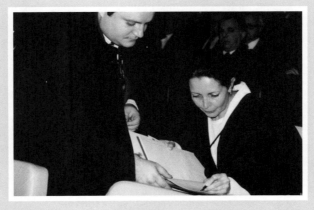

1993 – Vania assina documento de posse como juíza do TRT-2, em sua segunda tentativa à vaga de desembargadora

Justiça do Trabalho

Vania em sua 1ª sessão no TRT-2

Vania em diligência no Porto de Santos para mais uma tentativa de negociação entre empresários e os Sindicatos dos Operários Portuários, Rodoviárias e os Motoristas de guindastes e empilhadeiras.

Caderno de imagens

Vania recebe Ordem de Mérito Judiciário entregue pelo Presidente do TRT-2, Francisco Antonio de Oliveira

Gildásio Freitas Silveira, gerente de Sustentação ao Negócio da CEF (Caixa Econômica Federal), Vania Paranhos e a presidente do TRT, Maria Aparecida Pellegrina, em uma das reuniões feitas no Tribunal para liberação do Seguro de Desemprego e FGTS para trabalhadores motoristas de empresas descredenciadas pela prefeitura

Justiça do Trabalho

Vania em reunião no TRT para prestação de contas relativas ao término da construção do Fórum Ruy Barbosa, que teve desvio de R$ 324,1 milhões durante sua construção

Ao lado de Sonia Maria de Oliveira Prince Rodrigues Franzini, Vania Paranhos visita a construção do Fórum Trabalhista Ruy Barbosa.

Caderno de imagens

João Orestes Dalazen entrega Comenda da Ordem do Mérito do Trabalho à Vania Paranhos

2008 – Vania recebe Comenda da Ordem do Mérito do Trabalho indicada pelo ministro do TST, Renato Lacerda Paiva

Justiça do Trabalho

2009 – Vania em julgamento de dissídio coletivo

2009 – Vania ao lado de Sonia Maria de
Oliveira Prince Rodrigues Franzini em noite
de despedida no Jockey Club de São Paulo

Caderno de imagens

Vania em sua última sessão no Tribunal Pleno do TRT
(Foto: Celina Germer)

2009 – Ao término de sua última sessão, Vania é aplaudida pelos juízes
(Foto: Celina Germer)

Justiça do Trabalho

O presidente entrega a toga à juíza, em 7 de dezembro de 2009
(Fotos: Celina Germer)

Caderno de imagens

Entrevistados Luiz Philippe Viera de Melo

Vieira de Mello ao lado de Antônio Álvares da Silva, juiz aposentado do TRT-3 em inauguração das novas instalações da escola judicial da Biblioteca Juiz Osíris Rocha, 2003 (Jânio Fernandes/Centro de Memória do JT-MG)

Viera de Mello entre diretor José Nilton Ferreira Pandelot, Presidente da AMATRA e Reginaldo Melhado, Diretor Adjunto Trabalhista da Escola Nacional de Magistratur, 2002 (Jânio Fernandes/Centro de Memória do JT-MG)

Justiça do Trabalho

1998 – Posse de Luiz Philippe Vieira de Mello Filho como Juiz Togado do Tribunal Regional da 3ª Região (Jânio Fernandes/Centro de Memória do JT-MG)

Ao lado de Tarcísio Alberto Giboski em solenidade de posse da nova Administração do TRT 3ª Região – biênio 2006/2007 (Jânio Fernandes/ Centro de Memória do JT-MG)

Caderno de imagens

2006 – Posse regimental no TST ao lado do então presidente Vantuil Abdala (Foto do TST)

2011 – Viera em cerimônia da Ordem do Mérito do Trabalho entre as ministras Rosa Maria Weber e Maria de Assis Calsing (Foto do TST)

Viera de Mello em Seminário no TCE-MG (Jânio Fernandes/Centro de Memória do JT-MG)

Esta obra foi impressa em São Paulo na primavera de 2011
pela Prol Gráfica. No texto foi utilizada a fonte Minion
Pro em corpo 10,5 e entrelinha de 16,5 pontos.